神主と村の民俗誌

神崎宣武

JN179839

講談社学術文庫

はじめに

出るのは勝手、帰るのは義務

「若先生、今日はお祭りで、おめでとうございます。お世話になります。いつ、お帰りになりました？　へえー、今日の昼、そりゃあお忙しいですなあ。お帰りは、新幹線で。私らはめったに乗らんもんでようわかりませんが、新幹線で東京からじゃとなんぼうぐらいかかるんですりゃあ。へえー、片道が一万五千円も。それから、新倉（新倉敷駅）からここまでタクシーでしょう。そりゃあ、ラクじゃあねえですなあ、まったく。

そうして若に帰ってもらうんですけえ、おかげがありますらあ……」

祭りに行く先々で、何人もの人がそうした声をかけてくれる。

私は、秋から旧正月にかけての神主業の多忙期に郷里（岡山県小田郡《おだぐん》美星町《びせいちょう》）に何度足を運ぶことだろうか。金帰月来、とても十往復ではきくまい。それを、事情を知る人たちは一様に気の毒がってはくれるのであるが、それは多分に儀礼的な言葉と受けとめておくべきであろう。ウチの神主さんは旅費が高くついとるんじゃから御初穂《おはつお》をはずまにゃあいけませんぞ、と声高にふれまわる人もいるが、いまだ「お足」を包んでもらったことはないのである。

私の家では、代々神主業を世襲としてきた。まわりの人たちも、また代々、それがむら社会でのひとつの役目と認めてきた。いまでも、暗に、神崎の長男ならどこに居ようとも祭りの時期は神主を務めるのがあたりまえ、という人も多い。その理屈にしたがえば、私は万難を排してもこの時期に帰郷を優先すべきなのである。父母を含めて誰も、気の毒がってくれる言葉に本意は薄い。

「大先生《おおぜんせい》（父のこと）も、ああ腰が曲がったら祭りの務めもきつかろう。若、もう帰っておいでんせえ。

まあ、若も東京での義理もおありでしょうけえ、簡単には引きあげてこれませんでしょうなあ。じゃが、少なくとも、ウチの（むらの）お宮の祭りは、ちゃんとやってもらわにゃあいけませんぞ。去年のように、若は東京で忙しいからというて、代理をよこしてもろうちゃあ困る。ああ、どんなベテランの神主さんでも代理じゃあ値打ちがねえ。二度とさしくってもろうちゃあ困りますで」

面と向かってそういう人もいるのである。

いまは、曲がりなりにも父が宮司《ぐうじ》役を務めているので私の負担はこの程度ですんでいるが、この先、父が働けなくなったらどうなるだろうか。なるようになるさ、とつとめて楽観するようにはしているが、そのことに思いをめぐらせると気が重くなってくるのである。

もし、新幹線が開通していなかったら、私はとっくに東京の生活か郷里の家業のどちらかを捨てる決断をしていただろうに、とふと思ったりもする。新幹線の利便性に乗じて、私はまことに優柔不断な掛けもちの年月を重ねているのである。

神々のすだく里

私の郷里は、吉備高原《きびこうげん》の南端部に位置する農村である。あるいは、山村というべきか。

岡山県小田郡「美星町」——昭和二十九（一九五四）年に四村（美山村・堺村・宇戸村・日里村）が合併してそう名のっているのであるが、けっして奇をてらったわけではなく、たまたま町の中心部が美山と星田（堺村）の境のあたりとなることから二つの地名の頭文字をくっつけたにすぎない。印象度の強い町名ということでは、偶然の幸いであった。

現在（平成三年）の人口は、七千人足らず。町村合併のころは一万人を超えていたから、ご多分にもれず過疎の地ということになる。だが、人びとの気質は、大方がのんびりとしたもので、過疎についても悲壮感や焦燥感は薄いように思われる。

それは、日本でも代表的な準高原であるところの風土から醸成されたものに相違あるまい。高原に至るまでの傾斜面は、急峻で樹木も鬱蒼《うっそう》と生いしげっていて、深山幽谷の風情を呈しているが、高原上は、ことのほか起伏に乏しく、田畑がよく耕やされていて風光が明るい。小高い山は、ほとんどが赤松で覆われており、その緑がたおやかである。土地の人は、この松山をタケヤマ（茸山）と呼ぶ。近年かげりがみられるが、これまでは多くの松茸《まつたけ》を恵んでくれた山である。その大半は、集落の共有林として保持されている。

集落をみわたすと、丘陵に沿うかたちで人家がほぼ等間隔に点在する。背戸《せど》（後方）に小さな森をひかえた家、屋敷の規模が等しく、その前方に開かれたその家の所有であろう田畑の面積もまた等しくみえる。畑と田が、ほぼ五反《たん》（約〇・五ヘクタール）ずつほどであろうか。つまり、一町（約一ヘクタール）百姓、このあたりでいうエナミ（家並み＝農家の経営規模とでもすればよいだろう）がそろっているのである。

ということは、そこには古くから自給自足の生活が築かれていただろうことをうかがわせるのである。小祠《しょうし》や辻堂もよく手入れがされているところをみると、集落の自治も古くから安定していた、と思える。それほどに、高原上の景色は、代々の人の手が加えられて整っており、箱庭のようなまとまりをみせているのである。

美星町の中世的な集落の景観　家の裏に森があり、屋敷のまわりに畑が開け、その下方に水田が開けている。その規模は、各家ともほぼ同じである

かつて交通が未発達なころは、そこで人生が完結する――たしかに、そうした小宇宙が存在したであろう。そう思わせるほどに、景色がひなびて静かにたたずんでいる。

そうした高原上の村落は、神々にとっても居ごこちがよいのであろう。八《や》百《お》や万《よろず》の神々がことあるごとに社《やしろ》や辻、あるいは家々に降臨して、祭りが執《と》りおこなわれているのである。とくに、中秋から旧暦の正月いっぱいま

合併以前の美星町
と周辺の町

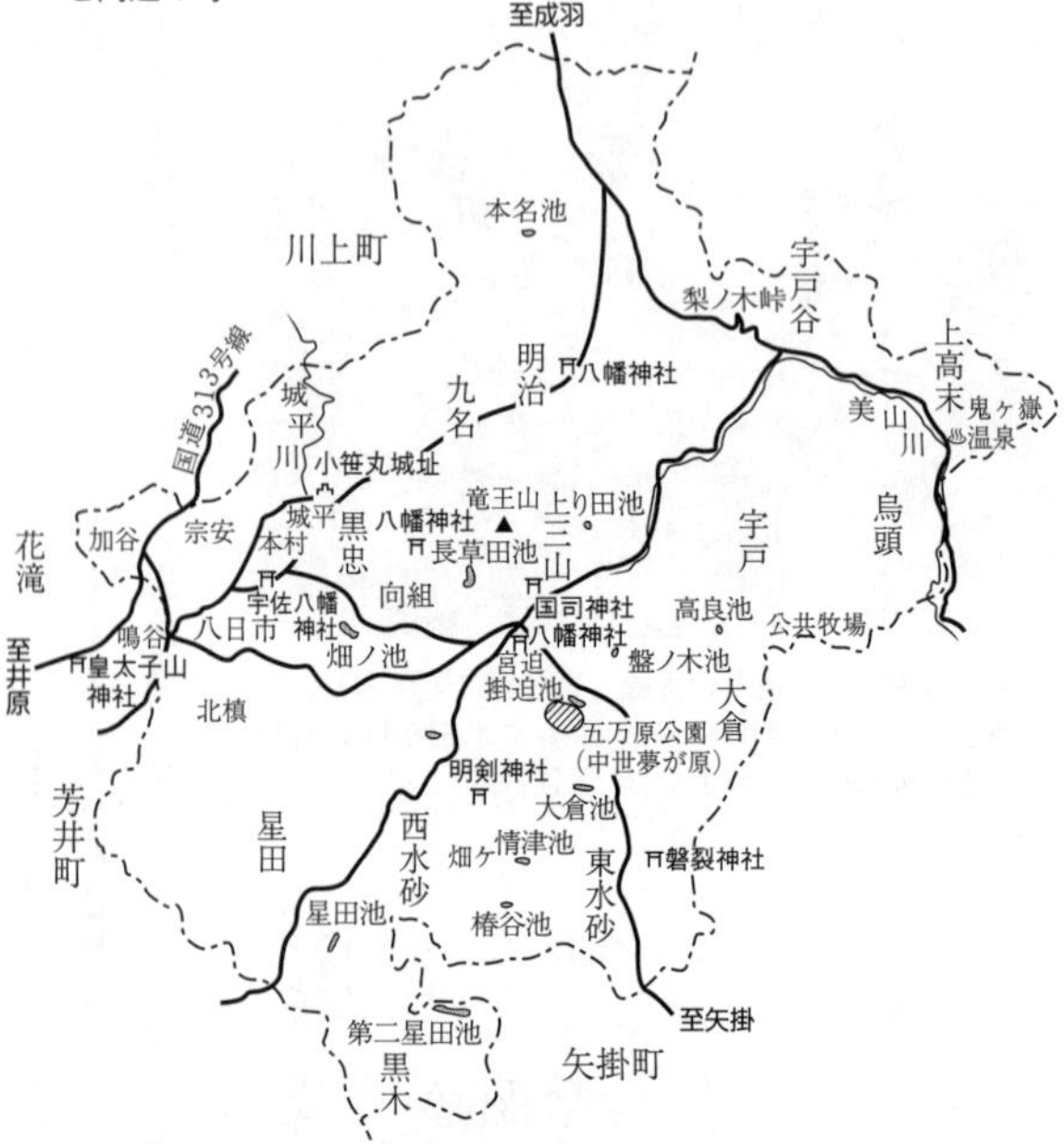

＊平成３（1991）年における略図である。道路は幹線のみ記した。以降、新設された道路もある。

＊美星町は平成17年の合併により井原市美星町となった。

＊縦書きが大字名、横書きが小字名。大字単位で氏神を、小字単位で産土荒神を祀る。なお、ここでの小字名は文中で取り上げたもののみを記した。

＊神社の印は氏神神社のみ。私の家で宮司を務めてきた神社にかぎって社名を記した。平成３年当時の宮司は父・神崎忠夫である。

で、ということは農事暦でいうと収穫後から田ごしらえまでの農閑期に、大小の祭りが連鎖して集中する。この間、四里四方に祭り太鼓の鳴らない日がない、といってもよかろう。

もっとも、ひとつ吉備高原上の村落にかぎらない。それに連なる中国山地の村むら、また日向（宮崎県）や奥三河（愛知県）などの山地の村むらにもそれが一部共通して伝えられている。が、現代の日本では、むらの祭りをこれほど濃《こま》ごまと伝えているところは探すのがむずかしくなってきた。

私の郷里は、まぎれもなく祭りどころである。

たとえば、十月の中ごろから十二月にかけて、秋祭りが行なわれる。

この場合の秋祭りというのは、村落（ほぼ大字《おおあざ》単位）ごとに祀《まつ》る氏神《うじがみ》（いわゆるむらの鎮守《ちんじゅ》で旧村社に相当）の例大祭のことである。ふつう、祭りの期間は二日間。宵《よい》宮《みや》と本宮《ほんみや》である。もっとも、その年の当番（頭屋《とうや》）や当番組の人たちには、それに前後しての潔斎期間が数日間あり、その間は準備やら後始末に多忙である。

私の家（当主は父）が宮司の名義をもつ氏神社《うじがみしゃ》は、全部で八社。明治以降、社家が不在となったところを兼務してきたからである。単純に計算して、八社で祭典日が二日ずつの十六日、それに当番潔《きよ》め（祭りの前段行事）と当番洗い（祭りの後段行事）

が一日ずつで合わせてこれも十六日、神主としては秋祭りの務めに三十二日ばかりがかかるのである。それに、宵宮と本宮には神主が三人も四人も必要であるから、近隣の神主に助勤をたのむにしても、禰宜《ねぎ》（宮司の補佐役）である私もたびたび帰省をくりかえさざるをえないわけである。

そのほかにも、小集落（ほぼ小字《こあざ》単位）ごとに祀る荒神《こうじん》（産土神《うぶすながみ》）や同姓の家系で祀る株神《かぶがみ》（祖霊神）の祭りも前後して行なわれるので、この期間はまことに忙しい。さらに、正月になると、宅神祭（家祈禱《やぎとう》）で連日のように家々を巡ることにもなる。

そこでの神主は、ただ神事を執りおこなうだけではない。神札《おふだ》を書いたり神籬《ひもろぎ》や御《ご》幣《へい》などの祭具をつくったり、その準備作業に相当な時間がかかる。とくに、氏子《うじこ》や産《うぶ》子《こ》が百人未満の単位の祭りがほとんどであるし、祭りごとに家ごとに祀る祭神や神徳が違うので、たとえば神名を印刷して合理化を図ることもかなわないのである。さらに近年は、農村でも工場勤めや土木仕事に出る人が多く、そうした種々の祭りが土、日曜に重なる傾向がある。また、助勤を依頼すべき近隣の神主たちも高齢化の傾向にあり、いきおい私の出番が増えてくるのだ。

だが、私にとっての「いなか神主」業は、家業ではあっても生業とはいいがたく、季節労務として自ら楽しむしかない余技なのである。

目次

神主と村の民俗誌

凡例

＊人名については、家族・親族と外来の知人・友人を除き、原則として仮名とした。
＊地名については、原則としていわゆる「平成の大合併」以前、原本刊行当時のままにした。小田郡美星町・後月郡芳井町は、現在では井原市美星町・井原市芳井町である。
＊年号については、神主としての体験が昭和四十六（一九七一）年秋からの約二十年間。各章ごとにその体験の年代が異なる。本編の執筆が平成元（一九九〇）年十月から二年十二月にかけてで、原本出版が平成三（一九九一）年。文中で「現在」と断っているのは執筆時のことで、これもあえてそのままにしている。
＊団体名、人物の肩書き・年齢についても原本刊行当時のままとした。
＊方言については、できるだけそれを生かすことにした。一般には通じにくいと思われる言葉には標準語を補足した。
＊本文中の写真については、原本同様、工藤員功・三村信介・三宅優各氏の写真を掲載させていただいた。

神主と村の民俗誌

1　問わず語りを聞く

夜ふけの一人祈禱

「そろそろ、お神楽（祈禱）をあげてくれんか。今年は、（祈願者の）数が多いようだが……」

父は、ストーブの前に蹲《うずくま》ったまま、私にそういった。声が眠たげであった。

昭和六十三（一九八八）年、十一月二十二日の深夜のことであった。

ところは、岡山県後月《しつき》郡芳井町花滝《はなだき》。そこの氏神である皇太子《こうたいし》山《さん》神社の秋祭り（例大祭）の宵宮《よいみや》のことである。

父が祭主（宮司）を、私が禰宜《ねぎ》を務めていた。

境内に比べると、拝殿は静かであった。

父に私、もう一人の助勤神職の山本由造さん、それに大当番（頭屋）と当番組の宮総代二人の六人がストーブを囲むかたちで座っていた。その六人ともが、ほとんど無意識の状態で境内のにぎわいに耳をとられていた。

拝殿前に仮設された神殿《こうどの》（舞台）では、社中（六、七人の太夫《たゆう》で組む）による神楽が演じられている。俗に備中神楽といわれるもののなかの神代《じんだい》神楽（出雲系の神話劇）である。囃子《はやし》の太鼓と観客のざわめきで、境内はたいそうにぎわっている。その気配が拝殿のなかまで伝わってくる。

そんなとき、まったく人気のない幣殿《へいでん》に昇り、たった一人で祈禱のお神楽を演じるということは、正直いって気のりがしないのである。

お神楽は、舞いをともなわないところから神楽と区別し、口神楽《くちかぐら》ともいう。太鼓を打ちながら祭文《さいもん》を唱え、独演と相なるのである。が、神事《しんじ》とはいえある種の芸事でもあるから、観客がいないことにはいかにものりが悪いのだ。

とくに、私は、専業神主ではない。秋から旧正月にかけての多忙期に帰省をくりかえして家業を手伝っているだけで、神職としての職業意識はいささか乏しい。

それでも、私は神前に拝して姿勢を正した。

打ちこみ（開始）の太鼓をゆったりと打ち、神楽歌を詠じることからはじめる。

サンヤー　サンヤー

この御座《みざ》に参る心は天地《あめつち》の　開きはじめの心なるもの

サンヤー　サンヤー
春は花夏の青葉に秋紅葉《もみじ》　冬の白雪積るぞめでたき

太鼓は、横打ち。一面の革を、左右のバチ（細い棒状）で叩く。右手が叩き、左手が返し（手首を返して叩く）。強い右手と弱い左手の、その音をそろえるのがむずかしい。

トントコスコトン　トントコスコトン　トントントントン
トコトコトコトントコスコトントン　トコスコトコスコトコスコトン

右手と左手のバチの先が太鼓の革面で触れあって、カチッと雑音を発する。

気がのっていない証拠である。

境内からは、私のお神楽太鼓よりもアップテンポな神楽太鼓の音が聞こえてくる。それに耳をとられると、なおバチさばきが乱れてくるのである。

それでも、小一時間も太鼓を叩きながら祈禱を続けていると、まわりが気にならなくなるから不思議である。雑念が薄らぎ、手と口がほとんど無意識に動くのである。

しびれも気にならない。やはり、私は、そうした時間が嫌いではないようである。私の家では、代々こうして呪術的な「いなか神主」業を伝えてきた。系図によると、私で二十八代目となる。血の因果といえば大げさになるだろうか。

トコトントコトン　トントントントントン
トントコトントン　トン　トン　トン

打ちどめの太鼓で我にかえる。とたんに、しびれが気になりだした。しばらく立つことができない。

幣殿から拝殿に下りてみると、ストーブのまわりの人数が十人以上に増えていた。当番組の面々が中食《ちゅうじき》（夜食）の世話に戻ってきたのである。

中食は、神主と氏子総代や大当番、それに神楽太夫などにふるまわれる。焼魚や煮しめ、握り飯などが折箱に詰められている。それを肴《さかな》にして、しばし酒がくみかわされるのである。

その間も、境内では神楽がにぎにぎしく演じられている。太鼓が乱打されると、歓声がわく。「国譲り」（大国主《おおくにぬし》の命《みこと》が主役）のクライマックス、鬼退治（大国主の命の子建御名方《たけみなかた》の命《みこと》が国譲りに反対して高天原《たかまがはら》から降った使者と合戦するくだり。建御名方の命が鬼にみたてられている）がはじまっているようだ。

太鼓の値うち

長年の氏子総代でもある大当番の長尾正志さんが、私の労をねぎらって酌をしてくれる。

「いや、いや、ご苦労さまでござんした。

若（私のこと）の太鼓は、だんだんと亡くなった老先生（祖父）に似てこられたようですなあ。私は、もう八十（歳）ですが、若で四代つきあわせてもろうたわけで……、もう当番を務めることもないでしょうし、氏子総代もやめさせてもらうんで、ええ記念になりましたあ。ありがとうございました。

まあ、おひとつどうぞ」

拝殿に座っていた長尾さんたちは、境内の神楽に気をとられながらも、一方で私があげるお神楽にも耳を傾けてはいてくれたようである。そして、私の太鼓をほめてくれる。

そのことは、私の自尊心を満足させることではあっても、同席する父や山本さんに対しては微妙な遠慮を感じさせることでもある。この皇太子山神社だけでなく、どこに行っても、父や山本さんの太鼓がさほどにほめられることがないからである。

備中地方、というか中国山地の神社の祭礼には太鼓が不可欠である。その独特な横打ちの太鼓の手をそろえる（右手で叩く音と左手で返す音がそろうこと）には相当の訓練が必要となる。それができると、強弱緩急まことに複雑な音律を奏することが可能である。そして、それがあってはじめて呪術的な祈禱や古典的な神楽が演出できるのである。

その太鼓を叩く技術は、もちろん一朝一夕には習得できない。また、三十歳とか四十歳になって習いはじめてもなかなかむずかしい。幼いときから聞きなれており、若いときに叩きはじめないと音の説得力がでてこないのである。およそ芸事とはそうしたものなのであろうが、もっと極言すれば胎内調教のようなところに源流がある。

その意味において、私は、自分の意志が決定する以前の数年間、ちょうど小学生のころ祖父に従って毎朝氏神《うじがみ》神社（美星町黒忠《くろただ》の宇佐八幡神社）に登拝し、祖父のお祓《はら》いやお神楽になじんだ経験をもっている。そこそこに太鼓が叩ける下地《したじ》があったわけである。ちなみに、私の父は、二十六歳で婿養子に来ており、間もなく神主の資格はとったものの、実際にそれに専念しだしたのは教員を退職してからの二十年来のことである。また、山本さんは、地元に生まれ育った人であるが、神主の資格をとって実働しだしたのは農協を退職した三年前からのことである。そのお二人に比べると、たしかに私の太鼓の方が年季がかかっているのかもしれない。

その私の太鼓も、四十年も五十年もたたきあげたベテランの神主や神楽太夫にはかなうはずがない。私は、お祓い太鼓やお神楽太鼓は叩けても、託宣《たくせん》太鼓（荒神式年祭のときの神懸《かみがか》り神事）はほとんど叩けないのである。が、さいわいにして、というか、そのときの神楽社中（七人）の太夫たちも太鼓に秀でた人が少なくて、境内での神楽太鼓と比較されても私のそれはさほど見劣りするものでもなかっただろう。

しかし、中食の席でそのことにふれられるのは右の理由から少々はばかりを感じるのである。

長尾さんは、かまわず続ける。

「若も東京から帰られてすぐじゃあ、お疲れになるでしょう。それでも、よう長い時間（お神楽）太鼓が続けられますなあ、途中で休憩をとられるかと思うとりましたのに……。

とくに、今年はお神楽が多うござんしたなあ。

へえ、今年お神楽が多いのは、わけがあるんですらあ。ご承知のように、この花滝というところは畑作地です。田が少のうて畑が多い。美星（私の家のある隣町）よりも倍以上畑が多いでしょう。昔からホウレンソウやゴボウが名産でしてなあ。それが、このごろはいけませなあ。都市《まち》への交通が不便じゃけえ、平場《ひらば》（都市近郊）の野菜にゃあ（市場で）勝てん。もう、ここらの百姓はやっていけません。

　ところが、ですよ。今年にかぎっていいますりゃあ、今年の夏が記録的な冷夏じゃったでしょう。とくに、関東の方が長雨でひどかったんじゃあないですか。そうでしょう。

　それで、東京へ供給しとった信州や福島の夏野菜（高原野菜）が駄目になったらしいですなあ。そうでしょう、野菜が高かったはずです。そのあおりがこっちにまで及んで、東京方面への出荷の要請が農協を通じてあったんです。ふだんは、このへんの野菜は、せいぜい岡山（岡山市）どまり。それも、値段をたたかれて売れたり売れなんだりが、今年の夏は相当な高値で畑という畑が全部売れたんですらあ。

　へえ、レタスが一反で二百万円もしたときがあります。レタスだけで四百万、六百万と儲けた人もおりますし……、私が知っとるなかで、これほど景気がよかったことは何度もはありません。それじゃから、今年は、お神楽が多いんですらあ。

　ま、ま、その盃をあけてくだせえ。

へえ、へえ、私もいただきます」

おもしろい、といえばおもしろいことである。あたりまえ、といえばあたりまえのことである。たしかに、私の知るかぎりでも、世の中が好景気のときはお神楽（祈禱料）が増す傾向がある。しかし、また不景気のときも信心が盛んになる傾向がある。ということは、景気が緩やかな安定期には信心も停滞する、といえそうなのである。

祭りの盛衰も経済《かね》しだいとまではいわないが、祭りは世相を反映する。伝統という言葉だけでかたづけられないものがあるようなのだ。

役得のはなし

神主という立場で座っていると、ときどきにこうしたもっとも世俗的な話が聞けるのである。とくに、最近の老人たちは、若い者を相手に講釈をする機会をあまりもたないようで、こうしたときの語りはまことに滔々《とうとう》たるものがある。つまり、問わず語りであって、あいづちさえうまくうつっていると、案外に当方の聞きたいと思っている話までが自然にでてくるものでもある。

これを役得といわずして、何といえようか。そのおもしろさがあるから、私は、祭りの時期になると何度も帰省をくりかえすのである。むらや親への義理だけでは続かない。いうなれば、それは、私の民俗学のフィールドワークでもあるのだ。

もっとも、ただ苦笑を返すしかないようなわが家系にとっての醜聞も耳に入ることになる。

「老先生も先生（父のこと）も、若の先代、先々代は、まことまじめなお方です。とくに、老先生は、これほど神主さんらしい人はおらんほど厳粛で清廉なお方じゃった。いまの先生も、冗談口ひとつもたたかれんほどまじめですらあなあ。

それがですらあ、私がこういうことをいうのも何ですけえど、まあ若はさばけとりんさるからええでしょうなあ。その前の先生、若の曾《ひ》おじいさんは、なかなかなもんでしたで。若は、お知りんならんでしょうが……。

そりゃあ、恰幅《かっぷく》もようござんした。こう、白い顎髭《あごひげ》をつけられとって、装束を着けて馬にでも乗られたら立派なもんでした。昔は、御神幸《ごじんこう》（神輿渡御《みこしとぎょ》）で馬に乗られとりましたからなあ……。それが、あっちの方もなかなかお元気でして……。昔は、自動車《くるま》がねえですから、祭りというと神主さんも神楽太夫さんも、当番組の家に宿をとられとりました。ああ、そうでしたなあ、そりゃあ若でもご存知ですらあなあ。

とくに、神主さんには、氏神さんだけじゃあのうて、荒神さま（産土神）や株神さん（同族神）の祭りにも来てもらうし、宿になさる家がきまっとったんです。へえ、若の曾おじいさんは、私の家にもようお宿《とま》りになっとった。そうすりゃあですで、ときどきは後家《ごけ》さんや出戻り娘ともねんごろになられるわけで……。私の家ではそういうことはなかったんですが、私らが知っとるだけでも、加谷や絵具那《えぐな》（小字名《こあざ》）の方で、どうも二人ほど子種をおとされとるようで……。

いやはや、すみません、こんなことをいうてしもうて。若は、ついつい気安う思えて、ご無礼を許してくだせえ。

はい、そうですらあ。昔は、そういうことがときどきあったわけで……。それでも誰もことを荒だてずに、ちゃんと子どもも育っとったわけで、いまとは時代が違うんですらなあ。いまより人間が大らかじゃったように思えますなあ……。

ところで、若はどうですかな。失礼ついでに私の心配をいうんですが、若は洒脱《しゃだつ》なところが、どうも曾おじいさんの血を継がれとるようにも思えるんですけえど、どうですかな」

私も、そうした話をいつごろからからかうすうすは知っていたが、面と向かって話されると、苦笑を返すしかすべがないのである。

境内の神楽場《かぐらば》で焚いている斎灯《さいとう》（かがり火）に新たに松丸太をくべたらしい。パチパチッと火がはじける音がして、あたりがぼうっと明るくなった。

愚痴を聞いたあと

長尾さんが他に酒をすすめるために席をずらしたそのすきに、橋本謙二さんが私のそばにやってきた。

橋本さんは、私の父と同い齢の七十四歳（昭和六十三年のその当時）。頭髪は白いが姿勢はよく、押しだしが立派である。造園業を営むかたわら、芳井町の町会議員でもある。そして、この皇太子山神社の氏子総代でもある。

もともと低音のかすれ声ではあるが、それをさらに低めていうのである。

「まあ、花滝にゃあ議員総代がもう一人おりますんですがなあ。

こうした宵宮にはちっとも出てこんで、みとりんせえ、明日の御神幸《ごじんこう》にはちゃんと出てきますけえ。あの人も氏子総代になっとるんじゃから、今夜も来にゃあいけんでしょう。本人が来れんのなら息子でも来さしゃあええのに。お神楽も（包を）あげとるだかどうだか。人目につくところとつかんところでは、えらい違いがある。困ったもんですらあ。

町長が、あのとおり覇気がねえでしょう。とりまきの連中にいいように動かされてしまう。それで、選挙前になったら、あの人らあ町長にええようにとりいって三百メートルほどの中途半端な農道をつけたりちょっとだけ舗装をしかえたり、選挙用の業績をつくってしまう。平常は動かんくせに、それで儂《わし》の足をひっぱろうとする。

儂は、一年や二年ですむようなことを考えとらんのです。そうでしょうが、議員なら長期的に大局的に考えにゃあいかん。儂は、若先生にいわれたことも、少しずつやっとるんですで。鳴滝《なるたき》（小田川の源流部）の自然保護ですらあな、あそこに湧水《ゆうすい》がのぞけるように橋をかけて遊歩道をつくり、スイセンとかツツジとか秋の七草をいっぱい植えて一年中花が楽しめるようにする。その整備は必ずやります。今年の補正予算で百五十万（円）だけつきましたが、町のやることはほんまはアテにならん。それでも、儂が議員を退《や》めたとしてもやりますけえ……」

という橋本さんの話は、前年の祭りのときにも聞いたことである。とくに、前段の選挙地盤を同じくする敵対議員についての愚痴は、あるいは前々年の祭りのときにも聞いたかもしれない。

かといって、橋本さんは、むろん私に意見を求めるわけではない。ただ、私をつかまえて、彼の息子も聞いてくれないだろう愚痴を述べるのである。私としても、それを黙って聞くしかない。

私が神主になりはじめのころ、祖父が何かのついでにいったものである。

「神主で座っとれば、いろんなことが耳に入ってくる。いちいち聞いてあげにゃあならん。じゃが、そうかそうか、と聞いてあげるのはええが、そうじゃそうじゃ、というたらいけん。人それぞれじゃから、一方の話を聞いて同意したら、あとで尾鰭《おひれ》がついて他へ話が曲がって伝わることになる。神主は、中立の立場でなけりゃあ務まらんぞ」

　私は、その祖父の言葉を想いだしていた。

　真夜中の二時、外の提灯の灯が風に揺れる。それを見て、思わず身ぶるいをするほどに冷えこんできた。寒気に、境内の神楽太鼓の音がひときわ冴えて聞こえる。

「若先生は、このあたりから吉備高原にかけては中世に開かれた、といわれておりましたなあ。教育委員会の講演会でもそういわれた。それで、宝篋印塔《ほうきょういんとう》や五輪石《ごりんせき》を大事にせえ、できれば一ヵ所にまとめて石造物公園をつくれ、ということでしたなあ。

　そりゃあ、忘れとりゃあせん。いや、町長も教育長もわかっとりゃあせんが、儂は、これもやってみようと思うとるんです。例の鳴滝の公園が整備できたら、そこへまた石造物公園をつくる。

　というても、若、簡単にゃあいかん。これまでは荒らすにまかせ放ったらかしにしていた宝篋印塔や五輪石でも、いざもらおうとすれば、やればちがあたるたたりがある、と騒いで反対する。それればかりか、なんぼうの金になるか、と計算する者《もん》もでてくる。人間という者は、そんなもんですで、若先生。そりゃあ、やねけえ（むずかしい）んじゃから……。

それですけえな、個人の墓地や山にあるのは相手にせん方がよろしいですが」

橋本さんは、酒をほとんど飲まない。飲まないが、話は熱をおびてくる。

「へえ、それが、あるんですらあ、個人の所有権じゃあねえ石が。よけいあったんですらあ。

八日市《ようかいち》（美星町黒忠）から尾根続きの山の下に、五輪石がよけい埋まっとりますらあ。たしか、昔の人が石塔谷《せきとうだに》というとった、という記憶があったから、それで、この前行ってみたんです。あった、あった。あそこらあうちの組の山じゃから、話は簡単。掘ってみにゃあわからんが、百体やそこらは出てくるでしょう。儂は、できそうな気がする。

それで、儂は、考えたんです。

若は、分水嶺に開けとる八日市は中世の三斎市《さんさいいち》（毎月八の日に開催）が起源、といわれましたなあ。八日市の先には七日市（井原市）がある。こっちには、高山市《こうやまいち》（川上町）がある。高山市は六斎市（毎月一と五の日に開催）じゃったですか……。なるほど、尾根道がつないどるんですらあなあ。そこで、私の考えでは、八日市のはずれに石塔市もあったんじゃあねえか、と思うんです。それが、何かのときにつぶれて、みんな谷底に捨てられたままになっとる……と。

石は、コゴメ石（結晶質石灰岩系）ですらあなあ。備中町（県北の町）から北の方に岩層がある。たぶん、それを運んできたんでしょう。それが証拠に、備中町の方の五輪石は大きく、川上町のあたりが中ぐらいで、ここから美星町にかけて小そうなるように思うんですらあ。たしかに、そう思える。

せえでなあ、若先生。今度、時間をつくってもろうて石塔谷を一緒に見てもらえんもんですか、案内しますけえ……」

私は、世間では民俗学者といわれているが、いま、中世の村落のあり方に興味をもっている。とくに、吉備高原から中国山地にかけては、その村落の景観や祭礼の組織に中世的な要素をよく伝えている（それは、これから折につけ触れてゆくことになる）。しかし、いままでそれがかえりみられることがほとんどなかった。京都や鎌倉などの都市を中心とした中世史には最近少し注目が集まるようになったが、中世の農山村の生活にまではまだ及んでいない。

たしかに、近世の幕藩体制は、その後のわれわれ日本人の道徳律や生活律に大きな影響を及ぼしている。また、戦後（昭和二十年以後）の日本は、われわれの生活や思想にも、かつてなかったであろう大きな改革をすすめた。

だが、私の郷里のあたりでは、まだ中世の風景が色濃く残っている。

しかも、そこは古代の吉備文化圏と出雲文化圏の接触複合するところにあって、なお、おどろおどろしい歴史の重層の相がみられるのである――そのことが、理屈にたよらずとも、どうやら祭りにおける神主の座からのぞけそうなのである。

2　八《や》百《お》や万《よろず》の神遊び

備中神楽の系譜

秋の祭り（氏神《うじがみ》の例大祭）の宵宮には、神楽がつきものである。

トコトコトコトン　トントントントントン
トコトントントン　トントン

夜のしじまに神楽太鼓がこだまする。

とくに、高原の秋の夜は、美しくすがすがしい。満天を星が飾り、空気は冴えわたる。あるいは、ときに靄《もや》が流れる。

晩秋ともなると、神楽太鼓の聞こえない夜はない、といってもよい。どこかのむらで氏神や荒神（産土神《うぶすながみ》）の祭りが行なわれており、それには神楽がつきものなのである。備中から備後にかけてのこの山地は、祭りどころ神楽どころである。

お国自慢をするつもりはないが、日本でも、これほど神楽が盛んなところはあるまい。この土地に生まれ育った者にとって、神楽太鼓のその音律は、ほとんど胎内鼓動にも等しい快い響きをもっているのだ。

神楽場《かぐらば》では、松丸太を積みあげて斎灯《さいとう》（かがり火）が焚かれる。その火柱が夜空をこがす。そして、華やかに彩色された仮面《めん》と衣装を、ひときわ神々しく映えさせるのである。

トコトントントン

「さて舞い出《いだ》す神を、いかなる神と思うらん……」

神能《しんのう》（神話劇）の主役が登場。太夫《たゆう》の一挙一動に観客が目をこらす。

もう、何度神楽を観たことだろうか。前年も、その前の年も、何度も何度も同じ神楽を観ている。神楽歌も言いたて（口上）も、あらかたそらんじている。そういう人が少なくない。なのに、今夜も飽かずに神楽を観ているのだ。

神楽とは、摩訶不思議な魅力をもつ芸能《わざ》なのである。

神楽――文字どおりに解釈すれば、神々が楽しむ芸能ということになる。別に、神

榊舞（右）と白蓋神事（左） 榊舞は、神楽のはじめに、祭主や祭員が、神殿（舞台）をサカキの葉をもって清める巫舞である。また、白蓋神事は、動座加持・鎮座加持ともいい、太鼓を打ちながらの祈禱にあわせて白蓋を上下左右に揺り動かすことで神の降臨を表わす

神能「岩戸開き」 天照皇大神が隠れたもうた岩戸が開け放たれたラストシーン

神能「国譲り」　出雲の国主、大国主の命（下右）のもとに高天原から経津主の命・武甕槌の命の両神が降り、国土を天照皇大神に献上せよと談判。大国主の命の子息、事代主の命（下左）は承諾したものの、もう一人の子息建御名方の命は反対したために両神と対立、合戦となる（上）。結果は、建御名方の命が力つきて降参、国譲りが成る

遊びともいう。

「まずは岩戸のそのはじめ、隠れし神を出さんとて、八百《やお》や万《よろず》の神遊び、これぞ神楽のはじめなり」

備中神楽の神能「天の岩戸開き」のなかで、天照《あまてらすすめおおかみ》皇大神が隠れたもうた岩屋の岩戸を手力男《たぢからお》の命《みこと》が強力《ごうりき》をもって押し開いたときに、うやうやしくたたえる一節である。

民俗学的にみると、神楽とは、招魂《しょうこん》や鎮魂《ちんこん》のための神事が芸能化したもの、とするのがよかろう。しかるべき神座を設けて神々を勧請《かんじょう》し、そこで清めや祓《はら》い、あるいは祈禱を行なう。つまり、神祭りそのものが神楽の原型といえるのである。なお、神座というのは、この地方でいう神殿《こうどの》（神棚と舞台）のことで、カミクラとよむ。そして、このカミクラをカグラの語源とする説が強い。

本来、神楽は、粛々と演じられるものであった。それが、時代を経るにしたがってにぎにぎしく行なわれるようになった。神が楽しむものから人が楽しむものになってきたのである。

備中神楽の場合は、その移りかわりの時期がいかにもはっきりしている。江戸期は文化・文政のころ、京に学んだ国学者の西林 国橋《にしばやしこっきょう》が、それまでの土着の神楽を習合

神殿の図

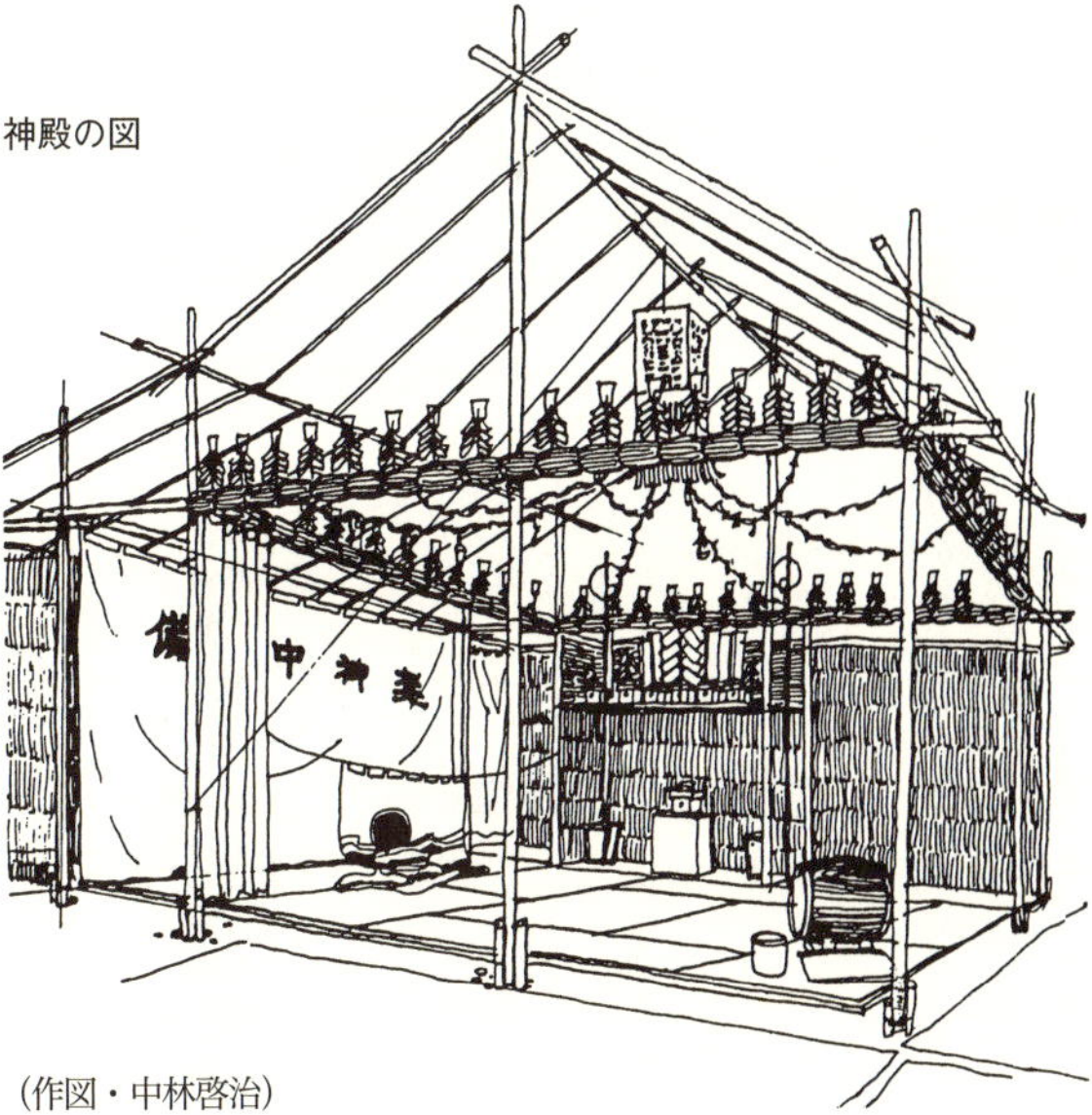

（作図・中林啓治）

するかたちで神代《じんだい》神楽（天の岩戸開き・国譲り・大蛇《おろち》退治などの神能が中心）をつくったのである。そこでは、神楽歌や祭文《さいもん》だけでなく、言いたてやざれ歌が加えられ、神話がわかりやすく戯曲化されている。舞いも、静的な地舞《じまい》と動的な曲舞《きょくまい》（荒舞《あらまい》）を織りまぜて、巧みな演出がなされている。

この神代神楽を中心に構成されるのが、「宮神楽」である。氏神の例大祭、つまり俗にいうところの秋祭りに、ふつう神社の境内に神殿（舞

一般的な宮神楽と荒神（式年）神楽

分類	宮神楽	荒神神楽
神事的な演目	榊舞 導き舞 猿田彦舞	榊舞 白蓋神事 役指し舞 導き舞 猿田彦舞 五行幡割り 布舞 綱舞 託宣神事 石割り神事 剣舞
芸能的な演目 (神代神楽)	国譲り 大蛇退治	岩戸開き 国譲り 大蛇退治
その他の演目		吉備津 玉藻の前 お田植え 三韓 お多福

台）を仮設して演じられる。熟練した玄人《くろうと》の太夫たちによる、きわめて演劇性の強い神楽である。

もう一方に、「荒神神楽」がある。荒神は産土神である。荒神の祭りは、例年はつつましく行なわれるが、式年（ふつう七年ごと）には盛大に行なわれる。それこそ、村中がわきかえる。一族郎党がそこに集まるのが習慣となっているので、これを別に「臍《へそ》の緒《お》荒神」ともいう。そして、荒神式年祭には、夜っぴて、というか朝になってもまだ続く大がかりな神楽が奉納される。当番（頭屋）の家の近くの田か畑に仮設した神殿（この場合は、神棚と神楽舞台が併設）で演じられるのが、宮神楽と異なるところである。宮神楽と同じように出雲系の神代神楽もあわせて演じられるが、それに加えて白蓋《びゃっかい》神事（降神神事）や五行《ごぎょう》幡割り（五行思想にのっとった問答形式）や託宣《たくせん》神事（神懸《かみがか》り）が延々と演じられるのである。より神事的で呪術的な色彩が濃い。つまり、それが中世色というもので、それを神代神楽が中心の宮神楽（氏神の例大祭の神楽）と区別して、「荒神神楽」とか「七年神楽」というのである。

また、古く神楽は、社家（神主）筋の人たちによって舞われていた形跡がある。現存する『神楽帳』からは、江戸期から明治期を通じて、右の神楽には社家が長く関与してきたことがわかるのだ。それが、やがてすべて芸達者の太夫たちにゆだねられるようになった。明治初年における神社神道の公事化（ゆえに、国家神道とも称されることにもなった）により神職が呪術や芸能に携わることが好ましくない、とされたことが最大の起因であった。

したがって、現在に伝わる備中神楽は、一社が六、七人からなる玄人の太夫たちによる見栄えのする芸能となっている。が、よくみると、神事色の強い中世系の社家神楽と、演劇色の強い近世系の神代神楽で混成されていることが明らかになる。その歴史の多重性が備中神楽の特色、といわなくてはならないだろう。

その備中神楽の中興の祖とでもいうべき西林国橋は、私の家とも血縁関係にあった。そんなことはどうでもよいことだが、こうして神々が頻繁に降臨する祭りどころでは、重層した歴史がときどき生々しく蘇ってきたりするのである。たとえば、信心深い年寄りや神楽の太夫たちは、日常的な会話のなかでも「国橋先生」とか「国橋さん」、とさも身近に実在するかのように呼びかける。そして、あげくはその流れで私にも因縁がつけられるのである。

「神崎の若は、神楽がお好きらしい。神楽がはじまったら灯明番《とうみようばん》もそっちのけ、神殿（舞台）にかぶりつきじゃ。やっぱり、国橋先生の血筋じゃのう」

神楽場のにぎわい

灯明番というのは、神主の役目のひとつをいった言葉である。古式からすると、祭りの期間、神主のうちの一人は神座《かみざ》近くに伺候《しこう》していなくてはならない。つまり、この場合は本殿に忌《い》み籠《ごも》り、神々のご機嫌うかがいをしなくてはならないのである。神々のご機嫌をうかがうということは、たいした作業があるわけではないが、まずは灯明《あかり》を消さないようにしなくてはならない。そこで、これを俗に灯明番といったのである。

が、現在は、祭りの期間中、伺候することはしない。だいいち、灯芯《とうしん》（油を灯すための芯）を使わなくなって久しい。灯明に似せた電気スタンドを設置しているし、ロウソクを灯すのも祭典のときだけである。そして、祭典のなかに「神司《かみつかさ》本殿に昇りて伺候す」という式次の一項がくりこまれているだけなのである。

　とはいっても、祭りの間、神主が理由もなくその座を離れることは、やはりはばかられることではあるのだ。神主は、祭典や祈禱や神幸《しんこう》（代表的なのが神輿《みこし》の渡御《とぎょ》）などの実務以外のときは、神座が見えるところに忌み籠っていなくてはならないのである。

　夜の十時か十一時ごろ、宵宮の祭典が終る。それから境内に仮設された神殿《こうどの》で神楽が夜っぴて奉納されるのであるが、その間、がらんとした社殿のなかに、神主と宮番役が数人だけ火鉢やストーブを囲んで座っている。その時間は、いかにも長い。

　そこが神楽場《かぐらば》がよく見える位置であれば、神楽を見物しながらの忌み籠りであるからさほど退屈はしない。しかし、宇佐八幡神社（美星町黒忠の氏神、私の氏神でもある）などの場合は、その距離が離れすぎている。そこで、私は、そうしたときの忌み籠りを途中で助勤神職の山本さんや藤井さんに体《てい》よく押しつけておいて、神楽場に下りてゆくのである。

そうでなくても右のような因縁がつけられやすい立場であるから、客席に座るわけにはゆかない。それで、少し離れたところから神楽を観る。

そのとき、神殿には稲脊脛《いなしはぎ》の命《みこと》が登場していた。

「国譲り」の一場面で、高天原から遣わされた二柱の勅使(経津主《ふつぬし》の命《みこと》と武甕槌《たけみかづち》の命《みこと》)と国津神大国主《くにつかみおおくにぬし》の命《みこと》との調停役を買ってでるくだりである。稲脊脛の命は、チャリ役(滑稽役)であって、滑稽な動作と太鼓役の太夫との即興の掛けあいで観客をわかせている。

そのとき、幕の脇から田中豊市さんが顔をのぞけて、さかんに私を手招きする。田中さんは、北山社中の社頭《しやがしら》(座長)で七十八歳(昭和六十三年のその当時)、備中神楽の太夫のなかでも最長老のひとりである。その彼が私を楽屋に招くのである。

私は、それに応じて楽屋に入った。

楽屋は、御輿倉《みこしぐら》(そのとき、御輿は境内の祓い所に飾られている)を利用していた。荒壁に囲まれた倉の土間に炉が掘られ、そこに炭火がいこっている。一方の壁にロープが張られ、それに仮面《めん》やら採《と》りもの(神楽の小道具)が吊りさげられている。もう一方の壁際に、衣装行李《ごうり》(といっても、大半はスーツケース)が積みあげられている。

社中は、七人。うち、神殿に二人（稲脊脛の命役と太鼓叩き）が出ているので、残りが五人ということになる。それも、田中さんをのぞく四人は、それぞれに次の出番に備えて衣装を着けたままである。たとえば、大国主の命役の藤井重巳さんは、紫の着衣、黒地に錦糸の刺繍が施された豪華な袴《はかま》、同様の色調で小判をあしらった陣羽織、大きな黒い頭巾《ずきん》を着けている。仮面だけをはずし、立ったまま煙草をふかしていた。

衣装に皺がよるのを恐れて、ひとたび衣装をつけた太夫たちは、ふつう楽屋でも立ったままである。したがって、狭い楽屋空間がさらに金糸銀糸で仕切られたような異様さで、部外者がそこに入っていくには相当の勇気を要することになる。

というよりも、楽屋には一種独特の緊張感がある、というべきか。太夫たちは、幕を隔てた向こうの神殿の演技や観客の反応を常にうかがっているのであり、それにあわせて次の自分の演技をはかっているのである。その表情は、厳しい。無駄口もたたかない。彼らにとっての楽屋は、けっしてくつろぎの場ではないのである。

やがて、彼らが順々に神殿に上っていった。

神殿上には五人（うち一人は太鼓叩き）、筋書きではこれから「国譲り」の最終協議がはじまり、やがてめでたく調印と相なるはずである。

楽屋には、田中さん、稲脊脛の命役を終えた守安さんと私の三人が残った。

まあ一杯やりながら話しましょうや、と田中さんが酒をすすめてくれる。楽屋に用意されている酒は、ヤカン酒（ヤカンで燗《かん》をしたもの）。それを、湯呑み（茶碗）で受ける。

忙中に閑あり、私にとっては、こうした時間が貴重なのである。太夫たちの楽屋話に耳を傾ける、絶妙の機会なのである。

老神楽太夫の嘆き

「いやあ、先生。儂《わし》も歳、もうおえませなあ（いけません、の意）。若い衆が連れて歩いてくれるけえ、こうして楽屋番をするだけで……。この前、久しぶりに大黒《だいこく》（大国主の命）を舞うてみたが、トコトントントン（太鼓のリズム）と止まるところが足がふらついてしまう。何とかふんばって足を止めたら、今度は扇を持った右手がふるえる。情けないことですらあ。

昨年の交通事故が悪かった。トラックのうしろへオートバイでつっこんで、右の方へはねとばされた。へえ、おかげさまで三ヵ月で退院はできたんですが、おえませなあ、歳をとってからの怪我は神経を損のうてしまう。

それに、何ですなあ、自分でしっかり舞えんようになると、若い者《もん》に強いことがいえんようになりますなあ。自分が手本を舞うてこそ若い者の芸に注文ができる、ということを、この歳になってはじめて知りました。

神楽が好きなけえ、こうして老醜を晒しとりますが、黙って若い衆任せです。もうおえませなあ……」

こうしたときの会話は、むずかしい。

下手にあいづちを打つわけにもゆかず、かといってなぐさめるのに適当な言葉もない。こうしたとき、私は、わざと乱暴な言葉をはくことにしている。

「まあ、そうはいうても、田中さん。足や手が少々動かんでも、口が達者ならそれだけでも一役ある。神楽については、よかれと思うことを注文していかにゃあといけません。遠慮はあるでしょうが、好々爺《こうこうや》になっちゃあいけません。それじゃあ、神楽も太夫もいま以上に育ちはせんでしょう。

田中さんも、ようういうていたじゃあないですか。昔は、年寄りが貫禄があってこわかった、って。だから、田中さんたちが、これだけの名太夫に育ったんでしょうが。年寄りが苦口《にがぐち》をたたくことに意味があるんです。そりゃあ、若い者はうるさがるでしょう。それでも、これは、順送りのことですから……。

それに、口をぬぐっておとなしゅうしていても、年寄りは嫌われるものでしょう。同じ嫌われるんなら、神楽のことだけでもきちんといい伝えとかにゃあつまらんでしょうが」

それもそうですなあ、といって苦笑する田中さんの目が赤い。寝不足がたたっているのか、それともそれほどに涙もろくなっているのか。

たしかに、田中さんは、老いている。老いて気弱になっている。

私が神主をはじめたころ、一昔前の田中さんにはかくしゃくたる威厳があった。「大蛇退治」での素戔嗚《すさのお》の命《みこと》が当り役で、とくに猛々しく剣《つるぎ》を手に舞う芸は余人の追随を許さないものであった。社頭として、他の太夫たちにはことのほか厳しく接していた。未熟な芸を、衆人の前でしかることもあった。私も、神主が用意して授ける「榊舞《さかきまい》」の綾笠《あやがさ》（幣《へい》）の幣串《へいぐし》（竹の串）が太くて短かすぎるので舞いにくい、と厳しく注文をつけられたことがある。また、謝金や花（祝儀《しゅうぎ》）についても執着するところが大きかったようだ。それは、ときに不評をかいもしたが、しかし、それもすべて自身の芸に対する自信がなせるところであっただろう。

そんな往年の田中さんを知る人は、一様に驚くに相違ない。いま、田中さんは、すっかり人間がまるくなっている。体つきも、ひとまわり縮んでみえる。

それが歳月というものかもしれない。

忘れもしない神楽修業の時代

「ありがとうございます。先生は、年寄りの扱いをよう知っておりなさる。まあ、先生、時どきでも儂《わし》の話を聞いてやってつかあさい。

たしかに、おっしゃるとおり、昔の神楽は違いましたあなあ。きちっと舞うていたし、きちっと観てもらえた。

儂は、三村利惣治さんのところに弟子に入ったんですが、いま考えてみると、あれでよう辛抱できたと思うほど厳しかったですなあ。十四（歳）で、学校を出たてでしょう。話もわからんままに三村さんの家に行って、二年住みこみました。住みこんだいうても、神楽はあんまり教えてはもらえなんだ。百姓の手伝いをしたり、子守りや風呂焚きをしたりで、体《てい》のええ下男のようなもんじゃったですなあ。それで、夜になると、師匠が口太鼓を打つ。そうです、膝を手で叩きながら、トントントン、トコスコトン、と口でいうわけですらあ。それを聞きながら、こっちも膝を叩いて覚えるんですけえど、眠とうて、ついウトウトすることがある。そうすると、師匠の手が、こっちの膝にピシャッとくる。

いまの若い衆は、ビデオやら録音で小器用に覚えてくるが、昔は体罰で覚えさせられたもんです。そうですらあなあ、猿まわしの猿と同じかもしれん。

初舞台のときも、忘れもしません。弟子に入って二年目の冬、八日市《ようかいち》（小字名）の祭りのときです。十二月八日でした。

それまで、連れて歩いてはもろうとりましたが、舞わしてはもらえなんだ。へえ、当番（頭屋）の座敷に上げてもらうこともありません。師匠や先輩太夫が当番や宿でまかのうてもろうとる間も、楽屋で荷の番をして待っとるんですらあ。それで、神楽がはじまると、衣装をだしたりたたんだりの雑用係です。いまは、そういうことがありませんが、昔は、弟子見習いの期間があったんですらあ。手にはあかぎれが切れるし、足にはしもやけができるし、ろくに火にもあたらせてもらえなんだから、辛かったですなあ。

ああ、初舞台のことでしたなあ。八日市祭りのとき、事代主《ことしろぬし》（の命＝大国主の命の子息）を舞うてみい、といわれましたんですらあ。まあ、ふつう神楽は、導き（神楽のはじめに、神々を先導する猿田彦《さるだひこ》を勧請する素面舞で、すべての舞いの基本となる）を習い、事代主を習いますらあなあ。神殿《こうどの》では、新人は事代主を舞うのが相場です。

儂も、生意気盛りですけえ、そこそこ舞えるつもりじゃった。ところが、場所が八日市でしょう。八日市は、神楽どころのこの辺でも、特別に目ききが多かったところですけえなあ、神殿に上ったとたん恐ろしゅうなってしもうたんです。もう、何が何だかわからんようになってしもうて、見えもせん、声もでん。

未熟な神楽というのは、神殿の八畳間を、そのまんなかの二畳分ほどしか使えんもんで、なかなか大きゅう舞えんもんです。三村さんが太鼓じゃったんですが、儂がケンケン（片足跳び）でまわっとるとき、太鼓のバチでピシャッと叩くんですらあ。痛かった。いまでも忘れられません。

せえでも、そうすりゃあ性根《しょうね》がはいりますけえなあ……」

「儂よりも、むげえ目（かわいそうな目）におうた者もおります。

やっぱり八日市祭りで、事代主を舞うたんですが、見物人から鯛が死んどる、といわれましてなあ（事代主の命は別名恵比須《えびす》神、鯛釣りの所作をする）。八日市には、そういうむずかしい人が多かったんですらあ。それで、もう一遍舞うてみい、といわれて舞いなおすことになった。それでも、見物人は、まだ気に入らん、という。恥も恥、恥の上塗りですらあ。

そうです。ありゃあ、芸からしてもむずかしいんです。鯛（竿に糸で吊るした模造品）が畳の上にペチャと付いたらいけん。鯛がいつもピチピチはねとるように、一定のリズムで舞わにゃあいけんのです。下手をすると、たしかに鯛が死んでしまう。

それで、本人は泣きながら舞いなおしたんですが、もうそうなったら舞えるもんじゃあありませなあ。そうしたら、注文をつけた見物人が、もうええ、儂がおるかぎり仕舞うことができんじゃろう、儂が帰る、というて帰ってしもうた。それからですで、恥をかいたその人は習練を重ねて、事代主を舞わせたら名人、といわれるようになったんですらあ。その人が誰かといわんでも、先生にはもうおわかりでしょうが……。

昔がよかった、とはいいません。じゃが、神楽の芸というのは、体で覚えんことには上達せんもんです。そのうえ、観る人が目をもってくれんことにはまた上達せんもんです。

このごろは、ちょっと舞えるようになると、すぐ玄人のふりをする。年寄りがおる社で苦労するよりも、若い者だけで社組をつくってしまう。それじゃあいけん、とは思うんですが、やっぱりもう儂らが口だしをしても軌道修正ができんようにも思うんですが……。

これからの神楽は、どうなるんでしょうかなあ……」

そのとき、神楽場がわいた。

「国譲り」の談合がまとまって、登場した四神（すでに稲脊脛の命は退場）が舞い納めているのであろう。四人の太夫の手（舞いの手）が揃っているからか、拍手がわいている。

田中さんが、私の耳に聞こえるだけの小声でポツリといったものだ。

「このごろは、見物人も甘い。手が揃うのがあたりまえ。学芸会じゃああるまいし、そんなところで手を叩いてもらわんでもええんですらあ」

その田中さんも、この年を境に神殿に立つ機会がめっきり少なくなった。田中さんの当り芸、あの荘厳で勇猛な素戔嗚の命の舞いを見ることは二度と叶わぬことになったのである。

3　マレビトの眼

異相の神が登場

そのとき、神楽場《かぐらば》に大きなどよめきが生じたものである。

神代《じんだい》神楽（神話劇）の「国譲り」の主人公である大国主《おおくにぬし》の命《みこと》が、国土を巡察する一幕で、こうふれたからである。

「ようやくこの里にたどり着いたと覚えてあり。

このところにおいて、大の当番をはじめとして十二氏五姓の産子《うぶこ》おのもおのもに、家内安全、身体堅固、寿命は長久の御《おん》ために福の御宝《みたから》を授けばやと存じ候《そうろう》。

なお、本日は特別にアメリカからカレンさんを手伝人《てごにん》に迎え、舶来の御宝をも授けばやと存じ候」

そうでなくとも、大黒《だいこく》さん（大国主の命）が福の種（分御魂《わけみたま》としてふつうは小餅、最近は菓子やミカンもある）を撒《ま》くときは、それを拾おうとする見物客で神楽場は騒然とするものなのである。それが、そのときは、大黒役の太夫のアドリブでアメリカ人女性のカレンさんが見物席から呼びあげられることになったからよけいだった。生来のパーマで膨れあがった金髪、細面で鷲っ鼻、その鼻の上にロイド眼鏡がのっている。服装は、赤いアノラックに黒の防寒ズボン、それに同色のブーツ。

その場には、見るからに異様な人相といでたちである。いや、見方によると、それぞまさにマレビト、つまり神の来臨となるのかもしれない。彼女が神殿《こうどの》（神楽の舞台）に向かう脇で、歓声があがっている。

まるで、女子プロレスのスター選手登場だ！　あまりふさわしくないたとえであるが、私は、とっさにそう思った。

しばらくブーツを脱ぐのに時間を要したのち、神殿上で大黒さんとカレンさんによる餅（福の種）撒きがはじまった。

「大黒さーん、こっち、こっち」

「カレンさーん！」

たかだか百人ほどの見物客である。しかし、そのほとんどが、目を大きく見開き歓声をあげ、手を差しだして福の種を拾おうとしている。それぞれが、無我の興奮状態にある。それが相乗して、まるで数百人もの、あるいはそれ以上もの群集が神殿上の二人を崇《あが》めているかのようでもある。

これが祭りなのである。これが神楽なのである。そう納得せざるをえない不思議な吸引力がそこにある――。

そのカレン・シュナイダーさんが私の郷里にやってきたのは、昭和六十三（一九八八）年の十二月十日のことである。

案内したのは、私であった。

私がカレンさんと知りあったのは東京で、それは、私の二十年来の友人であるルイズ・コートさん（スミソニアン協会のフリーア美術館研究員）の紹介によるものだった。カレンさんは、紙工芸の作家で、自ら紙を漉《す》いて壁面のマット類から人形まで造っており、アメリカのモダンアートの世界では注目を集めている人である。そのときが初来日で、もちろん目的は和紙の産地を巡っての技術的な比較研究にあった。

彼女は、秩父・美濃・出雲・土佐など主だった紙漉きの現場を巡ったあと、再び私のところを訪ねて来て、いちど大量の和紙を使っている祭りを見てみたい、といいだしたのである。なるほど、日本の祭りには御幣《ごへい》をはじめとして和紙が重用される例が少なくない。が、その一部始終を見るとなると、祭りにはさまざまな地縁的なきまりがあるだけに、他処者《よそもの》にはむずかしいところがある。ならば、私が神主を務める郷里の祭りに案内するのがよかろう、と相なった次第である。

もちろん、私が神主を務めるからといって、私の一存でそれが決められるはずはない。とくに、その祭りは、地縁性・血縁性が強い荒神式年祭なのである。氏神《うじがみ》の例大祭（秋祭り）ほどに開放されてはいない。地元（荒神式年祭を挙行する小集落）での、いわゆる根まわしというのが必要となるのである。

中世的な産土神の存在

ちなみに荒神とは、吉備高原のあたりでは産土神《うぶすながみ》である。全国的にみると、荒神は火の神として祀られている例が多いが、それは、多様な神徳をもち複雑な神格を有する荒神の、われわれ人間の側からみてもっとも日常的におかげを授かりたいところの一徳を象徴的に崇めているにすぎないのだ。そもそも荒神とは、中世的な複合神なのである。

先にも少しふれたように、またこれからも折々にふれるであろうように、吉備高原あたりの農山村は、その村落の景観や祭礼の風景に中世的な色彩を濃く伝えているところである。荒神の祀り方にも独特のものがあり、森羅万象を司る地神《じじん》の親神《おやがみ》的なものとなっている。たぶん、中世のどの時代かにむら（血縁的な小集落で、現在の小字に相当）が形成されたころ、はじめて共同で祀った神なのであろう。したがって、近世的な村落（現在の大字に相当）の氏神とは区別して「産土神」と呼んでいるのである。氏神が社縁的であるとすれば、産土神はより地縁的であり、血縁的でもある。それゆえに、これを「臍《へそ》の緒《お》荒神」とも俗称するのだ。

先述もしたように、人々の荒神への帰属心は根強いものがある。ふつう七年ごとの式年に大祭りを行なうのであるが、そのときは各家で親類縁者をもらさず招くのがならわしで、それこそ何らかのかたちで臍の緒がつながった老若男女が一堂に会することになるのである。

そして、荒神式年祭では荒神神楽が夜っぴて演じられる。例年の秋祭りに奉納されるのは神代《じんだい》神楽（江戸中期に再編成されたもの）だけであるが、荒神神楽では神代神楽に加えて五行《ごぎょう》神楽とか託宣《たくせん》神楽など中世系と想定できる神楽が奉納されるのである。したがって、夜を徹して朝も九時、十時まで演じられることになるのだ。

人寄せの賄いや神楽費用の分担など、何やかやの経費を一戸当りで平均すると、ン十万円が必要となるだろう。これまではほとんどの集落で共有林をもち、それで祭典や神楽の費用を捻出してきたが、最近は材木の値も安く松茸もはえなくなってきており、その収入が見込めないだけ個人の負担が増える傾向にある。そこで、このごろは荒神式年祭が七年ごとに挙行できない集落もあり、挙行しても個々の内心は必ずしも一致していないこともある。しかし、これは、荒神信仰を伝えるということよりも、むしろむらの結束を内外に示す行事でもあるのだ。はやい話が、他のむらの荒神式年祭に呼ばれるばかりでは肩身が狭い、という意識が大勢を占めている。とくに、たとえば町会議員とか農協の役員などのむらの幹部連中のなかにはあるようだ。

祭りを維持してゆくのには、物心両面のさまざまな力が作用しているのである。

さて、カレンさんが参加した荒神式年祭は、才原《さいばら》というたった九軒の集落でのそれであった。

九軒だけで荒神式年祭を行なおうとすると、費用面だけでなく労力面でも各戸に相当な負担を強いることになる。さいわいにして、才原は、総代の川上一三さんを中心に人心のまとまりがよい集落であった。カレンさんの参加についても、全員が一致して歓迎の意を示してくれた。

カレンさんは、大当番（頭屋）山岡家の正式な客となった。

祭りの大儀は準備にあり

当日の午前九時、私は、カレンさんを伴って山岡家を訪ねた。

もうすでに九人の戸主が集まっている。夕方までに、注連縄《しめなわ》や薦《こも》を編んだり行灯《あんどん》を貼りかえたり、準備することがまだ何やかやこまごまあり、そのためにその日も全員が集合しているのである。

その前日も、神殿掛《こうどの》け（畑に仮設）や餅搗《つ》きなど、彼らは一日中共同で作業を行なっていた。私も、神床と祭具を準備するのに二日がかりでそこに加わっている。

お茶がでたところで、川上さんが挨拶。あらたまった口調で言葉を区切りながら話すのは、この人の律義な癖というものである。

「皆さん、昨日に引きつづき、ご苦労さんでござんす。今日は、いよいよ荒神様をお迎えして式年祭となりますので、ご先祖様やお客衆に笑われんように、神崎先生のご指示のもとで準備万端をよろしゅう頼みます」

それを聞く他の人たちも神妙である。

おかしいのはカレンさんで、正座して頭《こうべ》をたれている。あるいは、川上さんの言葉を神事の一端とでも勘違いしたのだろうか。それにしても、彼女の座高が高い。正確にいえば、腰が高い。いかにも難儀そうである。よく観察してみると、どうも足の親指を重ねることができないらしい。それで、足の裏に尻をつけることができず、つまり、踵《かかと》の上に尻を乗せるかたちになるので腰が浮くのである。

無理をすることはないよ、といちどは声をかけたものの、彼女に「郷に入れば郷にしたがう」覚悟がある以上、その難儀にも耐えてもらうしかあるまい。私は、そうしたところは、けっしてやさしくはない。というか、私自身が二十年来各地に民俗調査行を重ねた経験から、そうしたいたわりは不要である、と思っているからである。その場でどうすればよいかは当人が考えること、と心得ている。臨機応変に判断すべきで、要は教わるよりもなじむことではなかろうか。だから、私は、彼女がよけいな先入観をもつこともなかろうに、と思って祭りのあれこれもほとんど説明しないで案内したのである。

　というのは、あくまでもたてまえであって、じつはそのときの私は、カレンさんとの会話にいささか疲れていたのである。東京から西下する新幹線の車中での会話、私の郷里の家に彼女が寄宿した二日間の会話で、私は、英語の扱いをひどく煩わしく感じるようになっていた。私の語学力は、日本人としたらまずまずのレベルにはあると自負しているが、所詮は乏しいものである。それに、最近は実用から離れている。しかし、カレンさんは、久しぶりに母国語が通じる相手と一緒に過ごせるとあってか、嬉々として何やかやと話しかけ、話しこんでくるのであった。彼女は、明らかに躁状態にあった。その相手に、私は疲れていた。その意味では、私の方から祭りのあれこれについて解説する気力が失せていた、というのが正しい。

それに、そのときにいたっては、もう彼女との会話に費す時間の余裕もなかった。私は、夕方までにやり終えなくてはならない作業をたくさん抱えていた。そこでの神主業は、祭りがはじまってからの仕事よりも、それまでの準備作業の方により手間がかかるのである。

まず、紙切り作業を急がなくてはならない。神床の神籬《ひもろぎ》・神札《おふだ》・御幣《ごへい》などは、すでに前日にしつらえたが、神殿《こうどの》の祭具や装置がまだ残っている。

とくに荒神式年祭では、諸神幣《しょじんべい》（神殿に勧請する六十余州の神々のしるしで、四面の鴨居縁《かもいぶち》に立てる）・白蓋《びゃっかい》（神殿の天空に吊って、神々の降臨を表わすもので、仏教の天蓋《てんがい》に相当する）・千道《ちみち》（白蓋からの諸神が幣《ぬさ》に伝わり降りるのを表わすもの）などの祭具が余分に必要となる。いずれも、連続模様をつくるため奉書《ほうしょ》や半紙、五色紙を二つ折りとか四つ折りにし、しかも一度に何組かを切ろうとしてそれを何枚も重ね、そこへ切りだし刀で複雑な切りこみを入れるところからはじまる。ひとつ切りまちがえると形や模様がつながらないことになるので、その作業には神経を集中しなくてはならない。

カレンさんの碧眼《へきがん》が、切りだし刀をもつ私の手元を注視する。

さすがに彼女もそのときは口をはさまず、私がひととおり諸神幣を切り、それを折

当番の神床飾りの例

この両脇に、さらに白蓋や神楽の小道具類が飾られる（作図・中林啓治）

りつけたところで質問をするのであった。

「神籬も御幣も、白蓋も千道も、それが神様の依代《よりしろ》だ、ということはわかりました。それに、お祭りだからにぎやかに飾りつけるのもわかります。でも、依代は、神籬なら神籬、御幣なら御幣ひとつでよいのではありませんか。装飾のためならば、あとは花を飾ったってよいわけでしょう。なぜ、これだけの種類と量の依代が要るんですか」

もっともな疑問といえる。とくに、私（神主）が紙を折ったり切ったりしてつくる祭具のほとんどすべては、神々の降臨や鎮座を示す依代なのである。それが、夕方に当番祭が行なわれるときは当番家の神床を飾り、やがて夜半からのち神事や神楽が行なわれるときは神殿を飾ることになる。

ことは、つくり終えたものをすべて一緒に神床に納めるから複雑の相を帯びてくるのである。そのところを整理して考えないと、理解が及ばないであろう。

「これら何種類もの依代を神床にまとめておくのは、飾りつけではなく、便宜的なもの。あえて意味を問えば、ものがものだけに、床の間以外に置くというわけにもいかんだろう。

しかし、もし広い神聖な空間があれば、これらを順番に並べて段階的に区切って祭典を行なってゆけば、ひとつひとつの依代の役目がわかるはず。たとえば、これから勧請幣《かんじようべい》を持って私と当番さんが荒神社に行き、それに荒神の御魂《みたま》を移して当番家の神床に導いてくる。それも、すぐには神床に案内せず、まず門先《かどさき》のオハケ（上部に笹を残した竹、御幣がとりつけてある）に休んでもらい、そこでご機嫌をうかがう。よろしいようなら、神床の神籬に移って鎮まってもらうことになる。

そこで、当番祭が行なわれる。神饌《しんせん》を供え、神事を執行し、馳走《ちそう》を神人が共食する。

そのあと、神殿移り。当番家の神床の祭具や神饌がすべて神殿に移されるが、荒神の御魂は一時また御幣に乗り移ってもらう。そして、神殿の神棚で再び神籬に鎮座ましますことになる。

神殿での神事のはじめは、動座加持《かじ》（降神行事）。神主の祝詞《のりと》・呪文と太鼓で、日本各地に坐《ま》します諸神たちが白蓋から千道、御幣へと降臨する。そうして上賓、来賓の神々が一堂に会したところで、それを祝って神楽が演じられるわけだ。

つまり、荒神をはじめ諸神たちが、このむらに天降《あまくだ》り里人を愛《め》でて巡るようすが、何種類もの依代を伝わり移ることで示されているのである。その場合、真白な紙ががサガサと揺れたり、幟《のぼり》や笹がパタパタ、ザワザワと動くと、それなりに効果的であろう。その背景が暗ければ、なおそうであるはずだ。そこには、歴史を重ねての日本人の神観念のある種の演出がみられよう。

　余談であるが、何しろ日本には八《や》百万《およろず》といわれるほど多くの神々が存在する。祭りの時期は重なるし、各地で各人が神々を勧請するとなれば、混乱をきたすことにもなりかねない。というところからも、今日的にいえばアンテナや誘導灯、誘導音に相当する祭具や装置をもって幾度も確かめながら勧請することになる、とすればどうだろうか」

　私は、そんな意味のことを答えた。それを英語で話すのであるから、かなりの無理がある。が、あとはニュアンスとして、そんな観念の世界もあるのか、という程度にわかってもらうしかない。もしかして徒労に終るかもしれないという、その意味においては、アメリカ人であるカレンさんに理解を求めるのも、新人類といわれる日本人の若者たちに理解を求めるのも、そう大差がないようにも思えるのである。

　反応は、意外なところに波及した。話を聞いていた川上さんが、興奮気味にいうのである。

「先生とカレンさんが話される英語は、私らにはさっぱりチンプンカンプンでわからんのですが、もしかして先生は、この神床のこしらえものについてのご講義をなさったんじゃありませんか。

ええ、そうでしょうとも。言葉はわからんでも、話の筋道はわかります。まことに、ええ話です。そこで、先生どうでしょうか、ちょうど昼にもなりますけえ、昼食前にこんどは日本語で私らにもわかるようにお話し願えんでしょうか。とくに、最近の若い者《もん》は、注連縄の掛け方の右左も知らんのですけえ、ひとつきちんとお教えいただいとかにゃあいけません。

いや、ええことですらあ、これが祭りというものでしょうなあ」

これ以上お喋りに時間をとると、ちょうど千道を切るぐらいの作業が遅れることになる。気が急《せ》く。これだと、神楽の太夫たちが集まってきたとき、彼らに千道を切るのを頼むことになるだろうなあ、と私はほとんど無意識のうちに頭をめぐらせて、しかし、川上さんの申し出を承諾したのであった。

神様、仏様、ご先祖様

夕方になると、神楽太夫たちや当番家の客たちが集まってきた。

そのときの神楽社中は、神光社という若手の太夫で構成するもので、先に登場願った田中翁がとくに目をかけて育ててきた弟子筋である。筋がよいうえに、このごろとみに腕があがった、との評判で、界隈で人気の社中となっている。相手が若いので、私も気安く祭具づくりの手伝いが頼める。

そのおかげで案外に早く神床も整い、灯明（ロウソク）が灯された。これから、当番祭の宴がはじまる。立場上、私が上座に、そしてこの場合は言葉の問題もあってカレンさんが隣に座る。以下、神楽太夫の面々と当番家の招客が席につく。当番祭とは、神人が共食する宴なのでもある。

そのとき、当番の山岡さんが、奥の襖《ふすま》を開けた。そこに、仏壇がある。おもむろにその扉を開き、そこにも灯りをつけた。

神と仏がどうして共存、共有できるのか、ということは、カレンさんもすでに質問したことである。カレンさんだけでなく、それは、私の知るかぎりの外国人の何人もが同様に興味をもつ問題でもある。

もちろん、それを説くのは容易ではない。たとえば、歴史をさかのぼって説こうとすると、中世の神仏混淆《こんこう》からはじめなくてはなるまい。

大ざっぱにいうことになるが、神道と仏教においては、その基本的な思想が似ているのであるまいか。むろん、それは、日本という風土のなかで醸成されたもので、中世の神仏混淆という政治的な操作は、それを推進させる一要素となったにすぎないだろう。

基本的な思想というのは、祖霊信仰である。神道でも仏教でも、そのときどきに崇める神仏はさまざまであるが、常にあわせて祖霊を遇することは共通しているのである。そのことは、また東アジアのいくつかの民族に共通することではある。つまり、稲作定住の生活基盤をもつところに顕著にみられる信仰形態なのである。端的にいうと、一神教でなく多神教なのであり、その中心に祖霊がある、といってよい。そこに代々が定住するから、折々にさまざまな神もすだくことになるのだ。したがって、盆にしろ正月にしろ祭りとは、祖霊と現世人が交流する場でもあるのだ。そして、墓地も、血縁者が共有するイエ（家）なのである。先祖供養、墓参りが定期的に頻繁にできるのも、そこで代々が定住しているからにほかならない。

「神様、仏様、ご先祖様」とは、まさにいいえて妙である。

とくに、古神道と密教（真言宗・天台宗）と修験道では、その呪法（祈禱法）にも共通点がみられる。

神道とか仏教とか区別せず、あわせて「ニッポン教」とした方がその本質がわかりやすいかもしれない。

――というのが、私の持論である。

この才原での荒神式年祭は、神道の形式で執りおこなわれるが、近隣の集落のなかには日蓮宗の形式で行なわれるところもあるのである。また、神主と僧侶が同席して荒神式年祭が挙行される例もあるのである。

その形式よりも、これを先祖代々の「臍の緒荒神」と呼ぶところに、われわれの信仰の実体があるのだ。

そのあたりの理屈は、カレンさんには依然として不可解なままであったらしい。

「神崎さんが、これほど忙しい思いをして東京と郷里を往復するのも、ご先祖様のためなのですね。でも、そのために、神崎さんは忙しい病にかかっている。ルイズがアメリカに招聘《しょうへい》しても来れない。やっぱり、かわいそう」

優柔不断は、私の性癖というべきものだが、さほどに強い意志をもたずに半端な「いなか神主」を続けているのだ。自分でもなぜだかよくわからないのだから、他人に理解を求めるのは、所詮は無理というものなのだろう——。

4　恩師とはありがたき哉

元女教師のまなざし

私は、たったいちどだけ、料理教室の講師をしたことがある。平成元年の初夏のころのことであった。

「口は災いのもと」という。まさに、それを実感することになった。たしかに料理は好きではあるが、人前で包丁を握るほどの腕前ではない。それが、あとに引けなくなったのは、郷里の婦人会の講演会で、ふるさとの味の再生の必要をいささか過激なまでに唱えたところ、ならばいちど実技講習会を開いてくれ、ということになったからである。

喋るほどに包丁は動かない。それも、至近の距離から婦人たちの視線が私の手元に集中しているのだ。

私は、後悔していた。

そんなとき、背中に他とはようすの違う視線を感じた。妙になまあったかい視線であった。

「ほんまに大きゅうなって、料理までが上手になって……」

と、つぶやいたのは、吉沢始さんである。まわりからクスクスと笑い声がおきて、空気がやわらいだ。

始先生、と私たちは呼んでいた。私が小学校六年生のときの担任であった。

数年前、始先生は、教員を退職。いまは、美星町の婦人会の役員である。半白の髪、小皺《こじわ》も目だつ肌。あたりまえのことではあるが、教壇に立っているころの彼女よりも、ひとまわり身体《からだ》がしぼんでみえる。

まなざしも、ずいぶんと穏やかになっている。が、私に向けるそれは、ときどきいたずらそうなにらみを含んでいる。私は、それに対して弱い立場にある。何しろ、子どものころの悪行の数々をよく知られているのだ。といっても、たいした悪行ではなかったはずだが、また始先生もけっしてそれを責めているわけでもないが、そのまなざしの前では身を縮めざるをえないものがある。

そのころの彼女は、身体がはちきれんばかりにエネルギッシュであった。顔は、童女のように血色がよかった。私たち少年は、その潑剌とした始先生にある種の憧れを感じていた。

私たちの学年（一クラスだけ）では、その前後の学年と比較してみても特別に早熟な少年が数名おり、ことあるたびに何かと物議をかもしていたものだ。私も、そのうちのひとりであった。現在の教育体制であれば、過敏に問題視されたかもしれないが、さいわいなことに暴力行為までには及ばなかった。

弱い者いじめはしない、という少年なりの規範はあったように思う。が、それがためか、逆に先生や上級生に対して歯むかうことがしばしばあった。いまにして思えば、たわいもない反抗で、相手は対等に扱ってはくれなかったのであるが（あたりまえである）、それを怒らせたりあわてさせたりするのがおもしろくてならなかった。

とくに、始先生にはよく反抗した。

あるいは、それは、好意や憧憬の拙《つたな》い反動表現というべきものだったかもしれない。私たちは、どうにかして始先生に、ベソをかかせてやろう、というようなことをまじめ顔で協議したこともある。

あるとき、始先生のスカートの留め金がこわれているのに気がついた。彼女もそれを気にして手であわせようとするのだが、ともするとスカートはずりかけて、彼女をあわてさせるのであった。もし、始先生を激怒させてそれから気を離すことができれば、スカートはずり落ちるのではないか、と、私たちは期待した。あるいは、私が発案したのかもしれない。

休憩時間にスカートの留め金を修理しなかったことが、始先生の不幸であった。あるいは、これも記憶が確かでないが、誰かが彼女を教員室に帰さないように引きとめていたのかもしれない。

私たちは、校庭の下の田圃《たんぼ》に走ってゆき、カエルを三匹ほど捕えてきた。それを、すばやくチョーク箱に隠した。

始先生がチョーク箱を開いて、ほんの一呼吸の間《ま》があった。その間が、私たちには、ひどく長い時間にも感じられた。カエルが飛びだすのと、始先生がギャーッとさけぶのが同時であった。

教室内が騒然とした。

始先生は、かろうじて体勢をたて直したものの、大きく目を見開いて唇をワナワナふるわせているだけである。そうしたとき、髪が逆だつというのは、ほんとうのことなのだ。始先生のそれは、仁王像の憤怒の表情とそっくりだった。

もっとも、そう表現できるのはいまだからのことで、そのときの私たちは、どうしていたのだろうか。予想どおりのなりゆきを、案外にぽかんと眺めていたのではなかったか。次の場面は、いまでも鮮明である。

私たちを詰問しはじめた始先生のスカートが、徐々にずり落ちだしたのだ。一声だすたびに一センチか二センチほどずつ落ちてくる。案の定、始先生は、気づかない。教室内は、水を打ったように静まりかえったままである。

私たちは、不思議な世界にいた。ほんの何秒間かであったが、未知の世界をかいまみた。

さすがに、スカートはぬけ落ちはしなかった。が、ずり落ちたところに下着がのぞいた。白いシュミーズ（そのころは、スリップとはいわなかった）が、腰をぴっちりと包んでいた。むろん、不透明なシュミーズだから、それを見たからといってどうというものではないが、それでも、ひどくまぶしかった。

その印象とともに、当然のことながら始先生からこっぴどくしかられた、その印象も強い。彼女は、泣きながら私たちにいたずらの程度、限度というものを一時間も、それ以上も説いた。たぶんに感情的ではあったが、それを曲げることなく本気で私たちにぶつけて対峙《たいじ》するものであった。その意気に、私たちも感じいった。

しかし、始先生は、そのことを教室内の騒動にとどめてくれた。校長にも教頭にも報告しなかったようであるし、私の父母にも告げなかった。とくに、私の父母も教員であったので、私に手を焼いた先生方は、それを逐一告げる傾向があったが、始先生は、そうしなかった。そのことを、私は、子ども心にも偉いこと、と思い、恩義を感じたものだ。

以来、私は、始先生には頭があがらないのである。

七年に一度の荒神式年祭

「まあ、あんた、ほんまに大きゅうなったなあ」

というのが、始先生が私と顔をあわせたときの挨拶がわりの口ぐせとなっている。祭りでも、ときどき顔をあわせることがある。

始先生が住む星田地区の神社は、私の家の担当領域ではなく、他の神主の担当である。が、その神主と氏子衆との折りあいが悪く、多少のいざこざがあって、荒神社の祭りにかぎっては私のところが祭主を務めることになった。いまからちょうど二十年前、私が二十六歳のときのことで、当時、神社庁の郡支部長をしていた私の祖父がいたしかたなく引きうけたのである。

そうなって最初の式年祭（七年に一度の荒神神楽）のとき、私は、祖父に連れられて同席した。いうなれば新米神主のころで、神主のあれこれを祖父から手ほどきを受けながら顔見世をしているようなものであった。

余談になるが、神主の祭祀技術ほど不統一なものはなかろう。もちろん、神社本庁が所管するところの統一祭式というものがあり、それが全国の神社の祭典に通用することにはなっている。明治以降、それで年々画一化が進められてきたことも事実ではあるが、しかし、地方ごとにそれぞれ独自の次第や作法をもち今日に至っているところもある。とくに、昼間の本祭典では、たとえば祝詞奏上《のりとそうじょう》とか玉串奉奠《たまぐしほうてん》とか一律の祭式法が広まってはいるが、宵宮《よいみや》や小祭りでは土着の旧法が根強く継承されていることがあるのだ。

私の郷里でいうと、祭りごとに加持《かじ》祈禱がいまなお盛んで、それには太鼓を叩いて呪文を唱えなくてはならない。神主というよりも、シャーマン（呪術者）の要素が濃い。私は、神主の資格（神社本庁が定めるところの資格）を国学院大学での必須教科と吉備津神社（岡山市）での実習を履修することで得たのだが、そこでは太鼓叩きなど誰も教えてくれなかった。吉備高原上の社家の家に生まれ、そこで祖父や父、あるいは神楽太夫《たゆう》たちが叩く横打ち太鼓の独特の音律を聞いて育ったからこそ、いま私が曲がりなりにも「いなか神主」が務まるのである。

極論すれば、地方ごと神社ごと、そして神主ごとに祭祀技術は少しずつ異なっているものなのである。私の家が代々神主を務めてきた大小いくつかの神社の祭りでも、ところにより微妙に違いがあるのだ。そこで、私の家では神社ごと（祭りごと）に「祭式次第」の帳面をつくっており、それをつけあわせて準備や祭典を行なうようにしている。

それと、私の場合は、祖父が八十（歳）過ぎまでは元気であったから、祖父の晩年に祭りの現場で旧法旧式をひととおり教わることができたのが幸いであった。

その祖父の死後は、私が引き継ぐかたちで星田地区の荒神の祭りを司ることになった。

荒神とは、むらの産土神《うぶすながみ》である。むらは、現行の地区名とすれば、ほぼ小字《こあざ》に相当し、大字（村）を単位とした氏神《うじがみ》（鎮守）の領域よりははるかに狭い。そこで、むらの産土神は中世的な概念、村の氏神は近世的な概念とすることができるだろう。一般的には、氏神の信仰が強まってくる。村の氏神神社の境内に末社や摂社が多く存在するのも、近世初頭においてむらが合併して村となり、むらの神々がそこに合祀《ごうし》された、とみることができる。したがって、そうしたところでは、中世系の神々や祭礼組織は後退し、近世系の祭りのなかに吸収された例が多い。

さらに明治になると、神仏判然令（明治元年）を機に神社神道の公事化が進んだ。ゆえに国家神道ともいわれるようになるのだが、そこでは祭式統一とさらなる神社合祀が推し進められた。その結果、村の氏神の祭祀は定型化されるかたちで伝えられることになったが、むらの小さな祭りは廃されることが生じた。日本全体でみると、童謡にも歌われたように村祭りだけになったところも少なくないのである。

もちろん、それは、あくまでも一般論である。

ところが、とくに西日本の山地部では、近世系の村の祭りと中世系のむらの祭りを共存させているところがある。私の郷里だと、それが氏神の祭りと産土荒神の祭り、ということになる。

前述もしたように、現在の神楽は、祭りどきにはそれを専業とする太夫たちによって演じられている。が、そのはじめとおしまいには種々の神事があり、途中には祈禱もしなくてはならないので、神主は、ずっと一晩中神殿《こうどの》脇に座したままである（荒神式年祭では、主神事は神楽と連動して神殿上で執行される）。神楽太夫には楽屋が用意されているが、神主の控え室はない。そこは、衆人の目に晒されるところであるから、膝を崩したりあくびをしたりするわけにはゆかず、これは相当な苦行となる。それに、不可侵の場所と思ってか、あまり人が寄ってこない。だから、気分の転換もままならず、ひとたび苦痛を感じたらたまらなく孤独な気分におちいることもある。祭りが連日重なってあると、寝不足もてきめんにこたえる。が、考えようによれば、それに一晩耐えられてはじめて神主としての尊厳が保たれるのかもしれない。

そんなとき、始先生が声をかけてくれたのである。

「なあ、あんた、ずっと座っとるのも辛かろう。ちょっとだけ失礼して、ウチにおいでえ。装束を脱いで、足を伸ばして、休んだらええが。ちょっとぐらい席を外しても構うまあよ。どうなろうにい、こんな寒いところで……」

と、これを小声でいってもらえるとよいのだが、始先生の声は遠慮がない。それで、私も、なお立ちにくくなる。

だが、恩師とはげにありがたき哉《かな》、である。

ひいき花の激励

神楽の幕間を利用して、神殿《こうどの》の上では「花」の披露がはじまった。

花とは、神楽太夫へのひいき花（祝儀《しゅうぎ》）である。宮神楽であれば数通とかせいぜい十数通しかあがらないが、荒神神楽ではその倍も三倍もの花があがることになる。

「いただきますご神花《じんか》の儀は、ご当所○○さんより神楽社中にいただきまーす」

「まったいいただきますご神花は、ご当所××さんよりごひいきとあって△△太夫にいただきまーす」

手のあいた太夫二人が大仰な声をはりあげて、交互に読みあげてゆく。

そのうち、私の名前が突然読みあげられた。

「次にいただきますご神花は、神崎宣武先生にご当所は吉沢始さんよりいただきまーす」

私は、観客席に始先生の姿を目で探し、会釈で謝意を表わした。すると、彼女は、笑顔で、いやいやと手を振って返すのである。

しばらくあとで、始先生は、私をにらむようにいったものである。

「あんなところで頭をさげたりしなさんな。たいしてよけい包んどらんのに。恥かしゆうなるが……。上座に座る人は、あんまり気をつかわんのよ！」

いや先生の方こそ手を振ったりせんでくださいよ、とはいいかえさなかった。げにありがたき哉、なのである。

ところで、花といえば、そこに私に対する郷里の人たちの評価がじつによく投影されているのである。

もちろん、神楽太夫の芸に対して贈られるのがほとんどで、神主に宛てては数は少ない。しかし、荒神神楽では、右のような例がままあるのである。

その金額は、さまざまで千円、二千円の場合もあれば高額紙幣が入っている場合もある。そして、その大半は、何らかの義理がからんだ、いうなればつきあい花である。しかし、なかには、顔と名前が一致しない人から花をもらうことがある。

私に対する花がいちばん多かったのは、祖父に連れられて初めて行った祭りでであった。それは、まさに顔見世というべきで、それに対しての祝儀がかさんだのである。そして、それは、大半が祖父への義理というものであった。それを、私は、これほど花があるものなのか、と単純に感激したものだった。

悪い気がするはずはない。が、それは、ひとまわり、いちどっきりであった。

やがて、私がひとりで祭りを仕切るようになってからは、花がすっかり減った。浮動花がなくなったのである。まだ土地になじんでいない、祭祀技術も拙い、というところを人びとがきっちりはかったのに相違ない。

あのお神楽太鼓じゃあまだおかげが薄い、おじいさんと比べたらまだまだじゃ、という陰口もたたかれていたようである。その道を極めて逝った祖父と比較されるのは理に不尽というものだが、そういう人たちにとってみると、祭主としての神主の術の標準をさげるわけにもゆかなかったのであろう。

私は、神主としてのひととおりの知識や作法は備えていたが、シャーマン（呪術者）としての呪力、胆力が不足していたのである。それは、認めざるをえないことであった。しかし、いかにもくやしいことでもあった。

　それからの二、三年のあいだ、祭りどき以外にも暇をみては帰郷して宮に籠り、太鼓叩きの習練をしたものである。まる三日も太鼓を叩いていると、バチの当る両手の指の腹が摺《す》りきれて、バチが血に染まることにもなった。しかし、そのときは、不思議と痛さも感じず、しびれの苦痛も覚えなかった。

　その努力をいまに続けておればよかったのだが、三日坊主ならぬ三年坊主で終ったのが、私の所詮は凡人たるところである。が、それでも確実に、太鼓の腕前はあがった。そして、おかげも少しはでてきた、といわれるようにもなった。

するとまた、祭りでの花が増えてきたのである。現金なものであった。しかし、たとえれば職人や芸人の世界にも相通じる、祝儀をだす側の標準というものがそこにはあるのだ。

　先に神主の祭祀技術に触れたのも、本来むら社会の司祭者というのは、他人が及ばないと納得するだけの術をもたなくては務まらない、という条理を導きだしたかったからである。もっとも、条理とはいっても、私のいうのは体験価にすぎない。

　だが、かつての村むらでは、それぞれに標準は違っていたが、社会を円滑に維持してゆくために、神主以外の分野でもさまざまな専門技術を育み伝えていったのである。むら社会にとっては、自前で技術の熟練を伝承するしくみがあった。そして、それを厳しく査定する眼があった。

むら社会が閉鎖的であったから、といえばそれまでである。が、いま、しだいに、そうした村むらが代々築き伝えてきた生活の規範や技術が崩壊しようとしている。あるいは、一部は崩壊した、といってもよい。

「あんた、このごろは外国にもよう出かけるらしいけど、私らが生きとるあいだは帰ってきて祭りをちゃんとしてちょうだいよ！

私もなあ、学校を退《や》めてこの歳になってはじめて、こんないなかに住んでよかった、と思いだしたんよ。若いころは、つきあいごとが苦手じゃったけえど、この歳になったら図々しゅうなって平気なもんよ。そう、居ごこちがええんじゃわ。そりゃあ、あんたはまだ若いから外にでて活躍してくれにゃあいけんけど、いなかも忘れちゃあいけんよ。どうせ、あと何十年かすりゃあ、最後はいなかに戻るんが安気《あんき》なはずじゃから、それまでの辛抱じゃが……」

昨秋の祭りのときの始先生のご託宣である。

私の郷里でも、神主の後継者は、代々の社家の家筋では私のほかにいなくなった。もしかしたら、私は、その意味での最後の「いなか神主」になるのかもしれない。

5　恐ろしや火が走る

祭りを続ける意気と意義

産土荒神《うぶすなこうじん》の式年祭（ふつうは七年ごと）があると、忙しさが増す。たとえば、荒神神楽では白蓋《びゃっかい》や五行《ごぎょう》旗など多くの切り紙を必要とするので、その準備にも手間がかかる。それに、当番（頭屋）行事も多いので、前日から当番に詰めることにもなり、当日は当日で夜っぴての神楽場に座していなくてはならず、まる一昼夜以上、横になるどころか足を伸ばすことさえままならない。まさに、行《ぎょう》が強いられるのだ。ちなみに、荒神式年祭が多い年だと、私の家の受けもちの範囲だけでもこの時期に五ヵ所か六ヵ所で行なわれるのである。

平成元年は、荒神式年祭の当り年であった。

西野昭博さんが、その前年から私の顔を見るたびにいうのであった。

西野さんの酒好きは有名だが、飲まないときでも、ふつうの人が飲んだのと同じほどに威勢のよい口調でまくしたてる。慣れない耳にはくどくからんで聞こえるが、慣れてその飾り気のない本心がわかると、それはそれで好ましい。西野さんは、いつも本音で喋っているのである。

「先生、畑ケ（小字名）の式年祭にゃあ、どうしても帰ってきてくだせえよ。十二月十四日ですけえなあ。一年以上も前から決めていうとるんですけえ、帰ってもらわにゃあいけん。代理じゃあ承知できません、先生に来てもらいたいんですけえ……。

とくに、今度の大当番（頭屋）は、ウチの分家ですらあ。後家さんとまだ嫁ももろうとらん息子だけで頼りにならんのですが、儂《わし》が後見をしますけえ、よろしゅうたのみます。

荒神さまに来てもらうんは（当番が当るのは）、一代にいっぺんあるかないかですけえなあ、粗末なことはできません。分家もボロの家でしたけえ、この際、奥の方へ部屋を増築して、台所も土間もつぶして直しとるんですらあ。先生にも泊まってもらわにゃあいけんし、客も三十人を超えますしなあ、粗末なことをしたら本家の名折れにもなりますけえ、儂も力がいるんですらあ」

私の郷里では、人びとの産土荒神への帰属心が氏神へのそれよりも強いと、これまでにも説明してきた。氏神の例祭（毎年の祭り）もそれなりに盛大ではあるが、産土荒神の式年祭のにぎわいにはかなわない。荒神式年祭では、当番や当番組以外の家でも親類縁者を招いて晴々しい祝宴をもつ。とくに、血縁者の誰かが欠席をすると、組内であらぬ噂がたてられるほどで、荒神式年祭への義理欠けはよほどのことがないかぎり許されない。それゆえに、これを「臍《へそ》の緒《お》荒神」ともいうのである。

神楽も、宮神楽（氏神の例祭での神楽）とは違って、大がかりな神殿《こうどの》（神棚と舞台）が建てられ演目も増えるので、相応の費用や労力がかかることになる。

もちろん、一戸平均にすると、相当の物入りである。式年制であるからできるのであるが、それでも、荒神組によると式年ごとに祭りができないところもある。しかし、あまり長く中断していると、親戚や友人づきあいで客に呼ばれても呼びかえせない負い目を感じることにもなるので、少々の無理はしても荒神式年祭を行なおうという声が大勢を決定することになるのである。

それに、物入りではあっても、荒神式年祭にかこつけて家の修理をしたり什器《じゅうき》や寝具を新調することができた。最近でこそ現金経済が発達し、いなかの家庭の台所も潤ってはきたが、かつては毎日の糧《かて》をつないでゆくことが精いっぱいの家がほとんどで、余分の銭《かね》は無きに等しかったのである。祭りのために計画的に小銭を貯めておき、祭りだからと景気づけて買いものをする。そうでもしなければ、家の修理や道具を新調することができなかったのだ。

とくに、当番がまわってくるとなると、西野さんがいうように、親戚も無関心ではおれなくなる。一族一党の見栄があるから、いかにその家の経済や人員が不足していようとも、それなりの対応ができるのである。

私が、かねがね、むらの祭りは宗教行事ではない、というのはそういう論拠があるからで、祭りとは、人心をひとつ目的のために結束してむらやいえを維持せんとする仕掛けにほかならない。その象徴に、超人間的な神々が存在するのは、それがもっともおさまりがよく継続性があるからなのであろう。それが、人間だけで組織する昨今の会議やイベントと違うところである。

したがって、個人主義が表出し、集団社会に支えられずとも家系が個人的に維持できるという考えが強くなったところでは、祭りは、存続価値を失い衰退することになる。もとより宗教的な戒律や義務がないのだから、それはそれでいたしかたないこと、としなくてはなるまい。

事実、これだけ各層の祭りを伝えてきた私の郷里にも、そうした衰退の気配を感じさせる例がなくもない。

「先祖代々やってきた祭りですけぇ、やらんわけにいきません。分家の息子じゃって、まだ半人前で大当番を受けるのは荷が重いんですけえど、それをすることで男を磨くんですけえなあ。少々金がかかるけえ祭りをやめるとか、勤めが忙しいけえ祭りをやめるというような情けねえことじゃあどうしますりゃあ。

儂らの目が黒いうちは、畑ケの祭りは絶対にきちんとやりますけえ、先生もつきおうてもらわにゃあいけませんで」

西野さんのように年老いてもなお熱血な人が何人かいるかぎり、祭りは続くのである。

ちなみに、一方で西野さんは、ほとんどボランティアに等しい農業委員や共有財産区の委員などの世話役をいくつも受けている。人が煩わしがることでも、意気に感じれば積極的にこなしてゆく。つまりは、おっちょこちょいでおせっかいなのであるが、そこに他意がないだけに、その言動を周囲も認めざるをえないところがあるのである。それだけに、そんな西野さんを煙たがる人も多い。が、私とは、不思議とウマがあう。

ことに、その荒神式年祭での西野さんの張切り方は、尋常ならざるものがあった。その小柄な体をまめに動かし、誰彼となくつかまえて、あれはどうなっているかこれは用意できたか、と口うるさいまでに問いかけていた。その間に、酒をお茶がわりに飲み続けていた。

これは本番前につぶれてしまうぞ、と当番組の誰かが心配したほどであった。事実、当番祭の直会《なおらい》（祝宴）がはじまると間もなく、西野さんの姿が消えた。自分の家でも客があるから帰って愛想をしなくてはならないから、と私には断っての中座であったが、どうやら休憩が必要であったらしい。

当番祭の終段には、当番舞（当番神楽）がある。当番家の除災招福を願って、二つか三つの舞いが演じられるのである。その時間前に、西野さんが酔いをさまして座に戻ってきたのはさすがであった。

すぐに、私の前にやってきた。

「何と先生、当番舞をはじめてもらわにゃあいけませんので、そろそろこの座はお開きにしてよろしかろう。神楽太夫さんや組合の人も集まってきてですけえ、早目早目に進めんといけませまあ」

むろん、私に異存はなかった。

が、おかしくて、思わずふきだしそうにもなった。それまでの西野さんは、およそ酒の座を早目に切りあげようとすることがない人だったからである。それまで私が株祭りや家祈禱《やぎとう》（宅神祭）に行ったときも、まあもう少し、まあもう一杯、と酒をすすめて腰をあげようとはしなかった。それが、荒神式年祭の当番役ともなると、一変して時間に厳しくなったのである。

役が人をつくる、とはよくいったものだ。

「神懸り」を伝えてきた理由

夜半に、祭りの中心が当番の家から畑に設けられた神殿《こうどの》に移った。

澄んだ夜空に、神楽太鼓が冴える。

寒風が吹きすさび、明け方には雪花さえも散るそのなかで、荒神神楽が夜っぴて延々と演じられるのである。舞台は、神代《じんだい》神楽（神能《しんのう》ともいわれる神話劇）から五行神楽（問答形式の荒神由来劇）へと移る。

観客は、ときどきに斎灯《さいとう》（かがり火）に近づいて暖をとる。が神座を守る私は、そこに侍《じ》して、動くわけにはゆかない。寒さで、膝が凍てついてくる。しばしば睡魔がおそってくるが、かといって衆人環視のその場では、あくびをすることもできない。

「いなか神主」業とは、辛いものなのだ。

夜が白々と明けてきた。

あたり一面に、うっすらと霜が降っている。

観客も、数えられるほどに少なくなっている。そのほとんどが、眠るがごとく蹲《うずくま》っている。

荒神神楽の最後は、託宣《たくせん》神事である。

舞手と太鼓手が互いに神楽歌や祭文《さいもん》（呪文）を唱えながらしだいにリズムを高めてゆき、布を振ったり藁《わら》製の蛇にとりついたりして荒舞《あらまい》をした舞手が硬直して倒れかかるときを神が懸《かか》った、とするのである。そこで、受け（太鼓手が兼ねる場合もある）の鎮座祈禱と誘導質問にしたがって神懸った舞手が荒神の託宣をあれこれ伝えることになる。

むろん、半分は演技なのであるが、状況からしていかにもそれらしくみえるので、そこにいる人も自然に頭《こうべ》をたれることになる。なかには、パチパチと柏手《かしわで》を打つ人もいる。

先年それを見て、小田晋氏（筑波大学教授）がいみじくも感心したものだ。小田氏は、私の尊敬するところの郷里の先輩で、著名な精神分析医である。

「これは、じつに理にかなっている。

まず、太鼓のリズムが、それまで長い時間をかけて演じられていた神能（神話劇）の六拍子からアップテンポの八拍子にかわる。舞手も見物人も寝不足である。夜が明けかけて、酒の酔いもさめ、寒気で身震いをする。だから、太鼓と呪文で、舞手だけでなく見物人も軽いトランス状態になるわけだ。
これを、真昼間にするのならば、こうまで神々しい演出効果がでないのではないか」
と、いってしまえば、そのとおりである。
たしかに、呪術とは、しかるべき状況がそろったところでは、いちがいに否定しが

託宣神事　荒神神楽（荒神式年祭）の最後に、神懸り（託宣神事）が行なわれる。藁製の蛇や布を揺り動かすのにあわせて激しく舞った太夫が、受け手の呪文や問いに答えて神米（洗米）で吉凶を占う

たい効力が生じるのであろう。

じつは、こうした託宣神事は、現在ではほとんど伝わっていないのである。かつて、戦前（昭和二十年以前）までは、私の郷里の周辺（吉備高原から中国山地にかけて）の村むらでは、荒神式年祭には必ずといってよいほど演じられていた、という。それが、戦後、マッカーサー指令とかで、ほとんど廃絶した。ほんとうはマッカーサー指令でなく、ＧＨＱアーレン大佐名で発令された「国家神道の廃止」（信仰の自由）が地方に及んで、過敏なまでの連鎖反応を呼んだのである。

私の郷里でそうならなかったのは、戦前・戦後を通じて岡山県の法曹界では傑人といわれた家本為一（美星町出身で私の祖父とは従兄弟）が、マッカーサー指令云々という噂を否定し、私の祖父など郷里の神主や氏子総代たちに伝統的な神事や神楽の継承の大切さを説いたからである。

私も、家本のおじいさん（私たちは、そう呼んでいた）をよく知っている。子どものころは、家本のおじいさんが岡山（岡山市）から帰郷するのが楽しみであった。顔の半分に真白い髯をたくわえて、呵々《かか》とよく笑い、ときに真顔で時事や都会のさまざまを私たちにもわかりやすく語ってくれた。とくに、私には目をかけてくれていたようで、「勉強もせえ、太鼓も叩け」というのが口ぐせであった。

家本為一は、思想的には左寄りであったようで、当時の社会党の幹部たちと交遊が深かった。そして、本人は、社会党をバックに県知事選挙に出馬したりもした。そのり家本のおじいさんが、戦後の文化人といわれる人たちがこぞって日本の伝統文化、とりわけ神社の祭りに対して否定的な立場をとっていたなかで、郷里の祭りに対しては一貫して保守的な態度をとっていた。不思議といえば不思議なことであるが、いまにして思えば、歴史的な物事の意味や意義を正当に客観視できたということで偉かった。

家本為一は、郷里の英雄であった。

そういう人物を生んだというしあわせもあって、私の郷里には、これまでにも述べたように、戦後の混乱期を経たのちも中世以来の祭りがさまざまに重層したまま伝わっているのである。

困った託宣の顚末

その夜の神楽は、美栄社中によって演じられていた。

中食《ちゅうじき》（夜食）の案内があったので、私も神座を離れ楽屋に入った。神楽人夫たちが衣装を着替えているその場で、当番組によって簡単な酒肴がふるまわれるのである。

そこには炉が切ってあるしストーブも置いてあるので、寒中に身を晒していた私には、何よりもありがたい時間である。

神殿では、中食のあいだも休まず神楽が演じられている。

トン　トン　トコトン　トン　トコ　トン

巻きずしをほおばっていた太夫が、あわてて仮面《めん》をつけ神殿に向かう。

そのとき、美栄社の代表の岡田利一さんが、私に声をかけてきた。岡田さんは、北山社の田中豊市さん（前出）とともに、正調の神楽を伝える人である。

「何と、先生。きょうの託宣《たくせん》の受けにでてもらえんもんでしょうか」

そりゃあええ、と大きな声をあげたのは、中食の世話にきていた西野昭博さんであった。

そういわれると、私も断りきれないところがある。

本来、託宣神事は、神主が担当すべきものであった。私の祖父の代までは、そうであった。それが、最近では、すっかり神楽の太夫に任せっぱなしで、その役を務めようとする神主はほとんどいなくなっている。

それは、ひとつには神主の無精のせいである。いわゆる叩きあげの神主が少なくなっているのだ。それに、もうひとつの理由は、無形文化財の指定を受ける際の行政的なとりあつかいで、前後の神事を切り離して神殿上で行なわれるそれだけが神楽とみなされ、そこには職業神主が介在しない方が好ましい、とされたからである。

その理由はともかくとして、神事や芸能も時代ごとに変化をくりかえしながら伝わっているものなのである。

だが、私は、太夫や座子からやってくれといわれたら神殿に上ることにしている。上手下手を問われなければ、舞手は無理でも太鼓手か受け手ならばできる。やれない、と断るのは、いかにもしゃくではないか。

舞手は、年配者がふさわしい。

美栄社の最長老は、山下勇一さんで七十八歳（平成元年時点）。その山下さんと組んで、託宣神事をまとめることになった。

山下さんは、二十分ばかりかけて舞いあげて神懸《かみがか》ったあと、神殿の中央に座りゼーゼーと肩で息をしながら目蓋を閉じ、か細い声で神楽歌を詠じている。

その前で、私が祝詞《のりと》を奏し、呪文を唱える。

そもそも三現表白《さんげんひょうびゃく》とは、無上霊法伝弁神弁加持《むじょうれいほうでんべんじんべんかじ》。無上霊法示現伝通《じげんでんつう》加持。無上霊法神現神通神力《じんげんじんつうじんりき》加持！

しめ給《たま》え。

掛巻《かけま》くも畏《かしこ》き産土荒神《うぶすなこうじん》大神の大前に式年の御祭り仕えまつり結願成就《けちがんじょうじゅ》の御神楽《みかぐら》奏するこの御《み》座で、荒神御霊《ごりょう》は御久米《みくま》とりて産子《うぶこ》安全のそのために用心の月日を諭《さと》し知らしめ給《たま》え。

（中略）

私は、三方《さんぼう》（供物台）に神米（神饌の洗米）を三握りほど分けて入れ、神懸った山下さんに渡す。

「わが荒神御神《ごしん》が手にもつ久米を、ただの久米とは思うなよ。手にもつ久米は、産子の曇《くも》を晴さんあらたなるもの」

山下さんは、そう詠じながら神米を均《なら》してつまみ、頭上に打ち投げる。それを、私が空《から》の三方で受ける。そして、すばやくその数を読みとる。偶数ならよし、奇数ならまたやり直さなくてはならない。

「望《もち》の六干《かん》、壬申《みずのえさる》。吉兆の御久米をいただきました！」

そう私が答えたが、山下さんは、なかなか言葉を返してくれない。ふつうは、ここで向こう一年間の吉凶、とくに用心すべきことがおごそかに語られなくてはならないのである。が、山下さんは、声をださない。というよりも、声がでないらしい。

顔面蒼白、意識朦朧《もうろう》としているのだ。

私は、内心、しまった、と思った。コンビが慣れないで受けこたえのタイミングがずれてくると、たまに発作をおこしたり、そのまま眠ってしまったりするのである。なにぶん、相手は高齢なのだ。

だが、そこで焦ってはならない。そのときのための呪文と活性法もある。私は、印《いん》を結びしばらく息をとめ、口から火を噴くかのように「喝《かつ》！」と一声を発した。

山下さんの意識が戻った。

ところが、こんどは、すぐさま体を震わせながらとんでもないことを口ばしりだしたのだ。

「恐ろしや火が走る。用心の月日は、二のつく月日。火難が心配じゃ。とくに、二月は用心せえ。二のつく月日は、荒神御神を祀ることを忘れるな！」

ふつうは、ここまではいわないものなのである。いくらか細い震え声だとはいえ、それを確かに聞いている人もいるわけだから、もうとりつくろうわけにはゆかない。

こういう場合、それを聞いている人は、やはり気もちのよいものではない。私のうしろで、西野さんたちのざわつく気配が感じられる。そこで私も、彼らの動揺を鎮めるべく心して祓《はら》いの祝詞を奏することになる。うしろに座っている人たちからも神妙な追唱の声があがった。

正気に戻った山下さんは、すっかり疲れきっている。顔色は、まだ青い。額にうっすらと汗、目はうつろ、楽屋に引き返す足元もおぼつかない。

オレンジ色の朝の陽光が、私一人となった神殿に射しこんできた。

トン　トトン　トン　トン

私は、納めの太鼓をいつもより強目に叩いたものである。

事後の祓い

これには、にわかに信じがたい後日談がある。

それから間もなくの十二月二十二日の夜。畑ケの一軒から出火、火のまわりが早く全焼したのだ。

その日、畑ケでは、戸主と主婦が荒神社近くの公民館に集まり、荒神式年祭の慰労会を兼ねての忘年会が開かれていた。その最中の不幸であった。しかも、その家の主人だけが、なぜかその会に欠席して自宅で酒を飲んでいた、という。

まさに、荒神式年祭からいちばん近い二のつく月日に火事がでたのである。それを聞いた私も、驚いた。じつは、託宣《たくせん》神事のあとで受け役（この場合は私）は産子（観客）に向かって託宣の結果を語らなくてはならない。私は、正直に火難の気《け》がある、と伝えたのであるが、その用心月を二月とだけ語ったのである。十二月も二のつく月、とは思いもしなかったのだ。

むろん、偶然が重なった不幸である。託宣が適中したといっても、所詮は「当るも八卦《はっけ》、当らぬも八卦」である。まして、集会をサボタージュしたその戸主に個人的な非があったわけでもない。

しかし、人びとは驚き、あわてた。

それを聞いた私の気もちも、複雑であった。

さて、西野さんが、すぐに電話をしてきたものである。

「先生、荒神様がお託宣でいわれたように、組内のみんなが気分をしっかりあわせて荒神様を祀らにゃあいけん、ということがようわかりましたあ。二十二日に荒神様に灯明もあげずに、その近くでカラオケで浮かれとった私らに、荒神様が喝をいれちゃったんでしょうなあ。参りましたあ。近所に、九十二（歳）になる家つきのばあさんがおりましてなあ、それがいうのに八十年ほど前にも荒神様のお託宣が当って火事がでた、というんですらあ。ほんまに、災害は忘れたころにくるんですなあ。参りましたあ。

せぇで、また先生に来てもろうてお祓いを頼まにゃあいけん、とみんなでいうとるんですらあ。お忙しいでしょうが、できるだけ早目に来てもらえんでしょうか」

神々とは、ときに驕《おご》りがちな人間の心を鎮める存在でもある。時にこうした災事があるからには、そういわざるをえまい。

そして、こうした災事を祓い、神霊を鎮めんがために、また祭事がより厳重に行なわれるようにもなるのである。

6　信心は宗教にあらず

夜籠りの行

神主業にとっては、およそ暮も正月もない。私は、もう何年「紅白歌合戦」（NHKテレビ）を観てないだろうか。

大晦日《おおみそか》の夜、私は、私の氏神でもある宇佐八幡神社（美星町）に籠《こも》るのがならわしとなっている。もちろん、氏子の初詣にあわせてのことである。

かつて、私の子どものころは、夜半の初詣はほとんどみられなかった。それは、そうであろう。交通や照明が未発達のころには、冬の夜中に辺鄙《へんぴ》な山坂道を歩くのは無理な相談というものである。少なくとも、誰も彼もができることではない。したがって、夜が明けて、それぞれの家でオフク（若水《わかみず》茶と干柿・ミカン）と屠蘇《とそ》を祝ったあと宮参りをしたものである。それから帰ってから、雑煮を食べていた。

それが、大半が除夜の鐘を聞くと同時に初詣に出るようになったのは、明らかにテレビの普及にしたがってのことであった。テレビで「紅白歌合戦」を観て、そのあとに映しだされる都会の初詣風景を横目に氏神に向かう。その風《ふう》が広まったのは、昭和五十年前後のことであった。

それにあわせて、われわれ神主の服務もかわってきた。参拝者がもっとも多い夜半に神社の責任役が不在というわけにもいかない、ということで、以後は神主と氏子総代が夜籠りするようになってきたのである。

それは、一種の行《ぎょう》である。拝殿に座していると、しんしんと寒さが身にしみる。朝方になると、体の芯まで凍てついてくる。火鉢が一つでは、とても間にあわない。

それでも、そのはじめのころは、まだ静かであった。氏子数二百戸ばかりの小規模な神社である。家族がこぞって一時《いっとき》に集まったって、たかだか数百人。境内にざわめく気配はあっても、拝殿に上ってくる人はかぎられている。登拝する人は、とくに祈禱を願ってのことだから、神主はそれにだけ応じていればよかった。

それからしばらくして、たしか昭和五十四年のころから、元旦祭がひときわにぎわうことになった。そこで甘酒がふるまわれることになり、神楽が奉納されることになったのである。

それが、さらに人を集めることになった。帰省した若者や子どもたちの姿が多くなった。

寒かった拝殿にもストーブが設置されることになった。

新しい行事の発案

それは、高村淳という一人の氏子の提案によるものだった。

高村さんは、大正六年生まれ。そのころ、たしか六十一歳であった。食料品や雑貨、プロパンガスを商っている。

秋祭り（氏神の例大祭）が終った次の日、高村さんが私の家を訪ねてきた。父は所用があって留守だったので、母と私が話の相手をすることになった。

その話の内容は、いまでもはっきりと覚えている。高村さんの生家は、私の家と同じ組内にあり、高村さんは、私の子どものころをよく知っている人なので、いかにも懐かしそうにやさしい口調で話しかけるのであった。

「祭りが終ったばあでいうのも何ですけえど、もう正月がすぐですらあなあ。いや、じつは大先生（父）やお母さんには前に話したことがあるんですが、正月に神楽をすりゃあえぇ、と思うとるんですらあ。

このごろ、あれだけ夜中のお参りが増えとるんですけえ、何か愛想があってええように思うんですらあ。幣殿でご祈禱の太鼓が鳴っとりますんで、そりゃあありがたいことですけえど、境内が寂しすぎるように思います。総代さんがせっかく社務所の前で御神酒《おみき》と御神飯《ごっくう》を授けられとっても、なかなか気楽にはそこまで行けませんしなあ。見とると、賽銭《さいせん》をあげて柏手を打って、それだけで引きかえす人が多いんですすらあ。去年も、安達の績《いさ》ちゃんと斎灯《さいとう》（かがり火）にあたりながら話したんですが、せっかく皆が集まるんですけえ、もうちょっと華やかな楽しみ方があってええじゃろう、ということになりまして……。

神楽でもしたら皆が楽しめる、ということになったんです。いや、いや、丸ごと本職の神楽太夫さんを頼もうというんじゃあないんです。氏子が舞うてみたらどうかと思うとるんですらあ。

氏子いうても、ご存知のように、本職もおってですけえなあ。安達の績ちゃん、藤江の芳郎さん。それから、若手では窪《くぼ》の儀ちゃん、床屋の茂ちゃんも、ときどき神楽社中に欠員ができたとき頼まれて舞いに行くようになったらしい。となりますと、本職《プロ》、セミプロで四人もおってんですけえ、あとはわれわれ下手な横好きの素人が何人かからませてもらえりゃあ、氏子だけで何とか舞えそうなんですらあ。はい、じつは夏ごろから績ちゃんを先生に頼みまして、毎週水曜日に八幡様で同好会の神楽講座を開かせてもろうとるわけでして……。まあ、まだ習いはじめですけえ十分なことはできませんが、私と、加賀の照ちゃんと、昭さんと、山下の塗装屋と、いまのところ四人が正月までに間にあうようにと特訓中なんでして……」

高村さんは、当時すでに還暦を迎えていた。体形は太り気味、とくに太鼓腹は見事なまでに膨らんでいる。したがって、動作が緩慢にみえる。

その高村さんが神楽を習いはじめた、という。どんな神楽になるのやら、私は、思わず笑いながら茶々を入れた。すると、隣で母が真顔になって怒るのである。

「そういう失礼なことをいうたらいけません。高村さんは、本気なんじゃから。八幡様のことではいつもよう協力してもろうて、お礼をいわにゃあいけんのですよ。冗談でもそういう失礼なことをいうちゃあいけません。

だいたい、お父ちゃん（父）がいけんのです。神楽講座がはじまる夏ごろから相談を受けとりながら、お願いしますという返事をまだ返しとらん。昨日だって、祭りのあとの宮座で総代（氏子総代）さんが集まっとるところで、正月は神楽をします、とちゃんというてならええのに……。総代長さんも、はっきりいわれんもんじゃから、高村さんがひとりやきもきされて、気の毒です。正月に神楽をやるなら段取りもあるじゃろうから、もうそろそろ、お宮としてもお願いする態度を決めにゃあいけません。皆さんの熱意を損なうことをしちゃあいけんでしょうが。

あんた（私）が決めなさい。お父ちゃんや総代長さんの決裁を待っとったら、決まる話も決まらんことになるから……、なあ」

私の家では、明らかに父よりも母の方が発言力が強い。母は、地つき家つきである。つまり、父は、婿養子にきた。しかも、祖父母が健在で実権を握っていたところに婿養子にきた。それがために、ある意味での処世の術として主体本能を後退させたのか、あるいは生来の性格が内気なのか、私にも判断できかねるところがある。そして年齢とともに覇気に乏しく決断が鈍くなってきたことは事実なのである。それが、しばしば積極性に勝る母の不満の種になるのだが、強弱立場を相互認識することによって家庭の平和を維持してきたことも一方の事実である。もし、私が父の立場にあったなら、父ほどに忍耐ができるかどうか。また、父のような男が相手でなければ、母がこれほど自由闊達《かったつ》にふるまえたかどうか。そうした夫婦の、運命的としかいえない機微がたしかに介在するのであろう。

高村さんは、あくまでも温厚である。

「いや、そうせっついとるわけでもありませんが……。

それでも、私らとしても、宮司さんや総代さんがヤルッというてくださらんことには、できんことでして……。そこを、宣ちゃんにうまいことつないでもらえれば、と思うんです。

あれ？　いけません、宣ちゃんというたら失礼ですなあ……、すみません……」

私とすれば、「宣ちゃん」と呼ばれることは嬉しいことなのである。かつて成人するころまでは、ほとんどの人からそう呼ばれていた。それが、たまに本を書いたりテレビに出たりするようになるにつれて、しだいに「先生」と呼ばれるようになった。そして、現在接触する立場は、神主である。皆が他に呼びようがなくてそう呼んでいる、ということもよくわかる。が、そのことが、私には寂しいことなのである。いま、私のことを宣ちゃんと呼ぶのは、私の身内と組内ぐらいのものである。

私が高村さんに、宣ちゃんといってくれるなら協力しましょう、と答えにならないような答えをしたのは、右の理由があったからである。

信心深くなる理由

それにしても、高村さんは熱心である。

自らが発起して神楽同好会を組織し、元旦祭に氏子による神楽の奉納を行事化することに奔走した。神社からその費用がでないことを承知で、衣装代（借用料）も賄い料（楽屋での夜食代）も自前の覚悟であった。

それればかりか、神楽を奉納する話をもちだす前年から、甘酒の寄進をはじめていた。深夜の参拝者にふるまってほしい、というのである。以後、毎年それが続いている。そして、祭りという祭りには、「初穂料」を奉納する。熱心というか、信心深いというか、それが他の氏子よりもきわだっているのである。

しかし、私が知るかぎりでも、かつての高村さんは、そうではなかった。むしろ、戦後の進歩人とでもいうべき人たちが共通してそうであったように、無信心を装う風の人であった。

高村さんの内部で、何かがかわってきたのである。

そのあたりになると、ことのほか母が詳しい。

「高村さんだけじゃあない。あの戦争（第二次世界大戦）の後は、いっとき混乱をしとった。

農家の農業は変わらず続いたが、農地改革で農地を手放す人もあった。いちばん変わったのは、とくに若い人たちを中心に古くさい習慣が嫌われたこと。学校でも若い先生たちが、武運長久を神頼みして戦争に勝てるはずがない、などという。青年団の人たちも、祭りなどへの子どもたちの参加は止めにしよう、祭りの晩には神楽よりも映画を呼ぼう、といいだす。年寄りたちは、それを苦々しく思う人もあったが、面と向かっての喧嘩はできん。高村さんなんかは中堅どころじゃったが、そんな時流のなかでは自分から旗を振ってまで出しゃばることができなんだんじゃろうな。

それでも、根がまじめな人じゃから、商売に励んで、商工会なんかの関係では顔が売れだした。ところが、また不幸があった。そうです、奥さんがくも膜下《まくか》出血で倒れてしまわれた。一命はとりとめたが、それから高村さんの毎日の苦労がはじまる。食事の世話から、風呂から下《しも》の世話まで、時どきのぞいてみてあげただけでもようできたもんじゃ、と感心した。二人きりじゃから、というても、たとえばウチのお父ちゃんやなんかにはとてもまねができんじゃろう。女の人でも、ちょっとまねができん。仕事も一人前にしながら十年間もじゃもん……。いまは、奥さんは、店番ができる程度に回復したから不幸中の幸いじゃったけど……。

それでも、とくに奥さんが病気になってから、高村さんの顔つきがかわってきた。ふつうああなると、いらついて陰気で険しい顔つきになるもんじゃが、あの人の場合は違うとった。逆に、明るく穏やかな顔つきになった。きっと、自分で悟っちゃったんじゃろうな。

自分のことで精いっぱいのはずなのに、他人《ひと》の世話がまたようできだした。それじゃから、皆が高村のおじいさん、高村のおじいさん、というて頼みごとをする。子どもがおらんのじゃもん、他人の家庭をのぞけば寂しいこともあるじゃろう、と思う。それを、あの人は、ひがむことをしない。苦労して、人間がまるうなった……」

母は、そうだから神仏に対しても自然に敬虔《けいけん》になれるのだろう、という。

私は、母からその話を聞いたとき、瀬尾のおじさんも似たような人生じゃったね、と言葉を返したものである。

瀬尾克己というその人（故人）は、隣村（川上郡川上町）に住んでおり、私が子どものころ、祖父母が仲人親だったせいで、私の家によく出入りしていた。自称、江田三郎（当時の岡山二区選出の社会党代議士）の地元秘書ということであったが、あまり働いているようすはなかった。ちょうどそのころ、私の祖父母は、遠縁にあたるということで犬養健とか近藤鶴代という自由党（のちに自民党）の代議士を応援していた。私の郷里における選挙事務所の機能を代行していたこともある。私は、子ども心に、何で社会党員が自由党員の家に出入りして歓談してゆくのか不思議でしかたなかった。それに、瀬尾さんは、私の家に来ても、神床に向かって柏手ひとつ打つことがなかった（当時、私の家に来る人でそういう人はめずらしかった）。

まことに、無頼の人であった。が、私は、瀬尾のおじさんが好きであった。私がまるでチンプンカンプンのシェークスピアだのマルクスだのの世界を、口角泡を飛ばしながら話してくれるのである。あるいは、軍隊や遊廓の話もしてくれた。いま考えてみると、子どもに向かってそうした話をすることじたい、おかしな人であった。私は、そんな話を聞くもんじゃあない、とたびたび祖母にしかられたが（それも無体というものだが）、瀬尾のおじさんに会うのが楽しみであった。

その瀬尾さんも、晩年は、神仏に対して敬虔であった。とくに、檀那寺《だんなでら》の総代を長く務め、本堂の屋根替えや庫裡《くり》の修復では会計の責任者として采配をふるっていたものである。そして、亡くなる直前のころは、真言宗の寺で神仏混淆のかたちがないのもおかしいことだから境内社（稲荷《いなり》神社）を再建しておきたい、という意欲をもっていた。その相談を受けたのが、私が瀬尾さんに会った最後であった。

私が、ここであえてこうした回想にひたるのは、われわれ日本人の信仰の感覚の不思議さをいわんがためである。

高村さんや瀬尾さんのような人が、じつは少なくないのである。現在、私が神主として務める範囲の祭りをみても、高齢者の信仰によってそれが維持されている例が多い。それは、とくに最近の若い人たちが無関心であるからという見方もできようが、そうきめつけることができないところがある。高村さんや瀬尾さんの若いころも、同様に無関心であったはずなのだ。

ある年齢がくると、「先祖返りをする」としかいいようのない不思議な現象が生じる。それは、神に対しても仏に対しても同等のことで、日本のむら社会では、歳とともに信心が深まる歴史的な傾向がうかがえるのだ。

そのことは、他民族の宗教観とはまた違うことではないのか。少なくとも、キリスト教徒とかイスラム教徒のような唯一絶対神を信仰する、そのライフスタイルとはかなり違った現象なのである。それを、一律に宗教といってよいかどうか、私は、かねがね疑問に思っていた。

重ねていうことになるが、「神様、仏様、ご先祖様」――個々の形態は別にして、この三つが一体化したものがわれわれ日本人の信仰の対象になっている、とすべきではないか。神仏習合をもっての多神教、いや「ニッポン教」といってもよい。その民族的観念（つまり、宗教とはいえない信仰体質）があるからこそ、ひと歳ひろうと先祖返りして信心深くなるのではあるまいか。

そんなことを考えていると、私自身の立場も妙に因縁めいてくる。

私は、若いとき、家業を継ぐのが嫌で上京、デザイナーを志して美術大学に入った。そこで、宮本常一（故人）という日本の各地を遍歴して村落社会を熟知した民俗学者に出会い、民俗学を学ぶことになった。そして、三十歳が近づくころから、いつの間にか郷里に帰れば神主業を手伝うことになった。そこに、説明できるような確たる理由はない。何となく、そうなった。年老いてゆく親にすべてをかぶせておくのもしのびない、という気もちがあったかもしれないが、それもとくに意識してのことではない。別の主義があっていわゆる就職をしなかった、その身軽さが何よりも大事だった。が、これも言い訳じみてくる。強いていえば、神主業そのものが私の民俗学のフィールドワークだといえるかもしれない。

ともかく、曖昧な理由や立場のまま、東京と郷里を二股かけて往復をくりかえし、季節労働のような神主業を続けている。これまでに、もうやめよう、と何度思ったことか。親しい友人たちからは、そこまで犠牲を払って何でやらなくてはならないのか、と問われることもしばしばあった。が、現実は、やめられない。これも、先祖返り、といえなくもない。事実、私の気もちのどこかに、神主業をやめたらバチがあたりそうな、ある種の強迫心理も年々強く作用しているのである。

素人神楽で初笑い

今年（平成三年）も、歳末が近づいてきた。

秋の祭りがそろそろ終盤にさしかかったころ、年末・年始の行事のしたくにかからなくてはならない。気が急いてくる。

大晦日から元旦にかけての夜は、わが宇佐八幡神社は神楽でにぎわうのが恒例化した。とくに、婦人や子どもの見物が多い。秋祭りの神楽のときは、客寄せの家事があったり次の日の登校があったりして婦人や子どもたちはゆっくり見物できにくい。それが、そのときは安気に座りこんで観られるのである。

それは、いわば素人神楽である。玄人の太夫も混っているし、年々上達するとはいっても、ちぐはぐな神楽である。舞いの動作を違えたまま立往生する人もいるし、言いたて（せりふ）を忘れて太鼓役の太夫に尋ねる人もいる。二人舞いが、仮面《めん》をぶつけることもある。そのたびに、神楽場には爆笑の渦がまく。野次がとぶ。

期せずして、そこは新年初笑いの場ともなってきた。

「おかげさまでなあ、皆さんに喜んでもらえるようになりました。年に一回舞うだけの素人神楽ですけえ、お粗末が多いんですが、花（太夫へのひいき花）も結構あげてもろうとります。

それでですなあ、素人の太夫が花を分配するわけにもいかんですから、この際、八幡様へ寄付しよう、という相談ができまして……。はい、はい、そりゃあ、太鼓叩きに頼んどる績ちゃんや茂ちゃんら玄人の太夫さんには、わずかですが同好会から志をだしとります。それに、衣装も借りとりますんで、これも衣装代が要ります。そういう経費を差引いて、いま十万円ほどあるんですらあ。

それで、立看板をつくったらどうか、と皆で話しあったんですが、どねえなもんでしょうか。はい、宇佐八幡神社縁起というようなものを書いて立てたら、と思うんですが……。ええですか？

そういうてもらえると、嬉しいんですが、そうなるとまた、ご無理をお願いせにゃあならんのですらあ。まことに恐れいりますが、その原稿を書いてもらいたいんです。これは、宣ちゃんに頼むしかないもんですけえ……」

あれから、十年。

だが、高村さんの頭髪は、まだ黒々としている。それをほめると、じつは染めとるんですらあ、と高村さんは、太鼓腹をゆすって恥かしそうに答えたものである。

なお、高村さんたちの神楽同好会に、今年は若い人が三人加わった、という。さて、新年はどんな神楽が演じられるやら——。

7　家祈禱のはやりすたり

家々を巡っての正月祈禱

それが彼の癖というものであったが、ちょっともの悲しそうな口調で加賀章さんは、切々と語りかけるのである。

「僕は、いっぺん先生とこうして話がしてえ、と思っとったんですらあ。毎年、加賀株の祭り（詳しくは次章で紹介するが、同姓一族の祖霊祭）で顔をあわしとりますが、去年もその前の年も、あそこでも話をしたい、と思うとったんですが……、まあ、あそこじゃあ落着かんし、やっぱり家へ来てもろうて、こうして家祈禱《やぎとう》（一戸ごとの宅神祭）をしてもろうて話しこむのがええですらあなあ」

正月から春の彼岸ごろまでの期間、「いなか神主」は、家祈禱で忙しい。

家祈禱は、宅神祭とか、正月祈禱ともいう。なにも私の郷里あたりにかぎった行事ではなく、日本の各地で行なわれてきたはずだ。とくに、西日本の各地に多くみられるはずだ。そして、これも神主にかぎったことではなく、たとえば日蓮宗系の僧侶や修験《しゆげん》の山伏なども、それを行なう。私の郷里では、神楽のベテラン太夫たちも、それぞれに得意先をもっている。

家祈禱は、その字のとおり、その家で代々祀っている神々の祭り、ということになる。つまり、個人的な祭りであるので、その形式もまちまちである。少ないところで数体、多いところで二十体もの神々が祀られているのである。

神主からしてみると、個人的に依頼される神事であるから、謝礼が自己収入となる。ありていにいうと、一年のうちでいちばんの稼ぎどきである（神社での祭りは、謝礼もあるが、村役としての奉仕の意が強い）。

私の家でも、祖父の代までは家祈禱に励んで家計を支えてきた。祖父は、一日に三軒から四軒の家を巡り、遠いところでは宿を定めて泊まりながら、毎日朝から深夜まで務めていた。私が子どものころ、寒中は祖父が家でくつろいでいるのをついぞ見たことはなかった。それに比べると、現在の父や私は、ずいぶん横着をしている。代替りが進み、家祈禱の依頼が少なくなっているせいでもあるが、一日に二軒平均となっている。

一日二軒だと、一軒で費す時間も若干の余裕がある。御幣《ごへい》の切りかえや神札《おふだ》を書く準備に約一時間半、祈禱に約一時間、そのあと直会《なおらい》に一時間少々、一軒で四時間ばかりかかることになるが、若干の余裕というのは、直会がゆっくりできる、ということである。つまり、このように御神酒《おみき》をいただきながら話しこむことが可能なのである。

もの悲しそうな口調ではあるが、加賀さんのその声はけっして小さくはない。音量と音色が微妙にズレているので、目を閉じて聞くと年齢がわかりにくい。

加賀章さんは、昭和三年生まれ。すでに、工場勤務を退《や》め、いまは傍系の工場へ非常勤の加勢にでている。

痩身である。肌の色は浅黒く、目がギョロッと大きい。

その大きな目玉が、飲むほどに酔うほどに潤んでくる。その表情が、私の記憶にある彼の亡父をしのばせる。

そこは、加賀家の奥の間（客間）であった。

電気ごたつをはさんで、加賀さんと私が向かいあっている。

床の間には、白木《しらき》の真新しい神殿《ほうでん》に御幣や神札が飾られている。

「ウチでは、もう長いこと家祈禱をしとらんでしょう。僕の若いころは、旧正月の六日がウチの家祈禱ときまっとって、老先生（私の祖父）はいわんでも来てくれてでした。ウチの親父も老先生とは話が合《お》うてなあ、家祈禱に来てもろうた夜は遅うまで話がはずんどりましたあ。

それが、いつごろからか、お宅の先生（私の父）が交代で来てんようになってから、縁遠うなってしもうたんですらあ。いや、これにゃあ訳ありの話があって、お宅の先生もウチの親父もちょっとおかしいことがあったんです。

そのころ、先生は、碁を打とうちゃったでしょう。この辺の学校先生や役場のお偉いさんが集まって、碁会が開かれとりましたが。それで、お宅の先生は、碁に熱中してウチの家祈禱を忘れちゃったことがあるらしい。ウチの親父が怒りましてなあ……。ところが、ウチの親父も悪いところがあって、神信心に熱心とはいえず、宗旨替えを口にするほどで……。お宅の先生も、そのころはまだ若かったから、そんな親父を相手にするのがおもしろうなかったんでしょうなあ。

ありゃあ、ウチの親父が村会議員にでとった時代で、このあたりでも新宗の学会が入ってきて勧誘が盛んになったんですらあなあ。親父も、そこの幹部に親しい方がいたから、一時は迷いもしとったんです。ガリガリの信者というよりも、義理が半分からんどったんでしょう。あとで退めて、また八幡様の神社総代を務めたぐらいですから……。

そりゃあ、ウチでは大騒動でした。そんなこんなで、家祈禱も途絶えてしもうたんです。

親父の代はそれもしかたがないことじゃったんですけえど、もう世代も替ったんじゃし、それじゃあ何となしに気分が悪いでしょう。僕も、病気を患《わずろ》うたりすると、先祖が代々してきたことは、僕の代で元に戻しておかんといけんような気にもなりましてなあ。まあ、それだけ歳をとった証拠なんでしょうが、僕の気もちのなかで家の神様をもういっぺん祀り直しておこうという気が強うなってきて、その機会をねろうとったんです。

それで、いっぺん若先生（私のこと）にこういう話をして、もう僕と先生の代にもなるんじゃから、家祈禱をしてもらおう、とその機会をねろうとったんですらあ……、ほんまですで。これからは息子もお世話になると思いますが、アレはアレで先のことはわからんけえど、僕の代は、こうして先生とつきあいをさせてもらいてえ、と思うとりますんで、よろしゅうたのみます。僕は、こういう男ですけえ、いっぺんつきあいだしたら途中で不義理をするようなことはしません。来年からは頼んでも頼まんでも、正月の早いうちの土曜か日曜にウチの家祈禱と決めておいてくだせえ。

ありゃ、話だけじゃあいけんが……、まあ、飲んでくだせえ」

むらの祭りは非宗教行事という実感

戦後（昭和二十年以後）しばらくは、むらの祭りの維持がむずかしい時期が波状的に続いたものである。

それは、明治以降、それまでの祭りが国家神道と皇国史観のもとで行なわれてきた、その反動や弊害が表出してのことであった。母も語っていたように、そのころの進歩人とか文化人を自称する人たちは、旧慣を否定し打破する言動を好んでとったのである。もちろん、それは民主的で近代的な社会の再編へ向けての序奏にすぎなかったのだが、一部にはすさまじいまでの旧慣叩きがあった。

たとえば、私が中学生のころ（昭和三十年代前半）、新任の数学教師がことあるたびにいったものである。日本人は、やれ出兵祈願だの戦勝祈願だの非科学的なことをしてきたから戦争にも負けた、と。そして、神様のおかげがないということがわかったんだから、神社も祭りも要らないんだ、と。私は、そうした言葉を聞くたびに、胸が締めつけられる思いがした。神主の家系にあることを攻撃されているように思えて、そこに生を享《う》けたことを呪いもした。

しかし、そこまでいうと何かおかしい、という承服できかねる疑問も抱いた。

それは、のちに著名な経済評論家が、あの戦中・戦後の混乱期に農家に行っても米を簡単に分けてもらえなかったんだから、米が生産過剰になろうが輸入米が流通しようが、農家を救済することはないんだ、という意味の発言をしたときに抱いた疑問と同質の、ある種の憤慨であった。そこには、「坊主憎けりゃ袈裟《けさ》までも」式の過激な反動思想、というか反動的な感情があったように思える。

ちょうどそのころ、日本の村落社会に創価学会の布教をみているのである。

創価学会もまた、旧慣を否定して持論を説いている。むろん、それは、右の教師や評論家とは立場を異《こと》にしたものではあったが、戦後の思想的な風潮には符合するところがあっただろう。

私は、創価学会と対立する立場はとらない。学会員の友人もいるし、そこでのつきあいも互いに認め合って、反目するものではないのだ。

その存在は、仏教系の一教派として認めなくてはならない、と思っている。神道系でいうと、金光《こんこう》教や黒住《くろずみ》教のような存在になりはしないだろうか。たしかに、かつての布教の過程では、他の宗教活動や信仰習俗に対して対立と排斥の構造をもっていた。しかし、それは、新興の宗教活動が成長するときには、ほとんど避けがたい現象なのではなかろうか。しかし、それが反社会的なものでないかぎり、年数を経るにしたがって落ち着く。そのところにおいての市民権のようなものを得てゆくのである。

歴史をさかのぼってみると、中世における日蓮宗や真宗（浄土真宗）の布教だって、そういう過程を経ている。とくに、真宗が各地の村落社会に定着するまでには、密教や神道の旧勢力との抗争は血で血を洗うほどにすさまじいばかりのものがあった。たとえば、河内平野（大阪府）の真宗門徒からなる集落の多くは、環濠聚落《かんごうしゅうらく》である。その形成期には、戦闘の準備さえもおこたることができなかったまでの周辺社会との軋轢《あつれき》の激しさを物語っているのである。また安芸《あき》門徒などは、まわりから「門徒もの知らず」といわれてきた。それも、他宗派や旧慣行を否定し、長く周辺社会と隔絶していたからにほかならない。単純に比較することはできないが、そうした史実がくり返しもする。

いずれも長い年月を経て、日本という島国のなかに融合し、認知をされているのである。その意味において、私は、創価学会の将来的な位置づけについても日本文化のひとつの現象として楽観視しているわけである。

そもそも、私たち日本人の信仰の形態は、はたして宗教といってよいのかどうか。それほどに曖昧模糊《もこ》にして融通無碍《むげ》なるところがある。少なくとも、キリスト教社会やイスラム教社会ほどに、戒律を重んじることがなく、したがって生活面における宗教的な規制も少ない。キリストとかアッラーに相当する唯一絶対神といったものがなく、われわれの宗教的な観念のなかにはじつに雑多な神仏が混淆して存在する。非原理主義の多神教。ゆえに、世界的な基準での宗教にはあてはまらないだろう、と思えるのである。私たち日本人がもっとも執着するところは、強いていえば祖霊ということになりはしないか。祖霊をないがしろにすることは、これまでの日本の社会では許されざる冒瀆《ぼうとく》というものであった。その祖霊信仰が、仏教のなかにも神道のなかにも根強く継承されていて、それゆえ仏教と神道が長く共存してきたのではなかろうか。「神様、仏様、ご先祖様」というがごとくにである。しかし、ここでは、あくまでも私見である。

そう思いきることで、私は、郷里の神主業を伝えているのである。

そこでは四層の構造（氏神・産土神・株神・家神）をもつむらの祭りのいずれもが、宗教行事というのにはふさわしくない、むらの歴史と存続の意義を確認する年中行事であり、その本質においては、今日でいう古里フェアーとか郷土まつりと何らかわりがない。ただ、むらの祭りでは、そこに参加する人間のほかにご先祖様があり、それを統轄する象徴に神仏が存在する、とするにすぎないのだ。

私は、神主であるが、どちらかというと無神論者であろう、とも自認している。神仏に敬虔であるから神主業を務めているのではなく、むらがそれを必要とするから、また、私のなかでも家系や地縁が絶ちきれない重みがあるから、これも役目と心得てそうしているのである。

そうした、無神論者である私のような立場の者が祭司役が務まるのも、また日本のむら の祭りではなかろうか。

戦中・戦後の悔いある人生

ともあれ、戦後も、すでに半世紀が近くなっている。

戦中・戦後の混乱現象も、世相のありとあらゆるところから後退している。もはや戦後ではない、といわれてからも久しい。いま、一口でいうと平穏な時代、である。

そこに、加賀家の家祈禱《やぎとう》が復活する背景がある。

「僕も、こうして還暦を過ぎたでしょう。まだまだ若い者には負けずに仕事もできる、と思うけど、何かやっぱり寂しい気もちになることがあるんですらあ。

考えてみりゃあ、僕らは、損な人生を過ごしてきましたあ。いいや、ひがんでいうんじゃあのうて、ほんまにそうでしょう。

子どもの時分は、戦争戦争ということで、モノはないし、勉強もろくにさせてもらえんし……。米はつくっても、食えりゃあしませなあ。供出が義務づけられとったし、ウチの親父は若いころから村会議員にでとりましたんで、何やらかんやらとつきあいの金が要るばあで、時どきに米をもちだしちゃあ自分がええ格好して家族を犠牲にしとった。そのころの村会議員は、いまの町議とは違うて名誉職でしたけえなあ、分限者《ぶげん》で、それなりに貫禄がある人ばあが出とりましたあ。山室さんとか長谷川さんとかなあ。そのなかで親父のような貧乏な若僧が肩を並べていこうとすりゃあ、相当な無理があるということは、わかるんですけど……、僕らは、むげえ目にあいました。

僕は、あれですで。小学校五年ぐらいのときは、もう牛《うし》ン犂《が》（牛にひかせて耕す農具）を引いとりましたけえなあ。しかたがねえでしょう、親父があんまり家のことをせんのじゃけえ、お袋と僕が百姓をするしかねえですが……、兄弟はまだ小せえですもん。

小学校の高等科を出たら、親父は、芳井（後月《しつき》郡）の農業学校へ行けえ、というたんですが、もう親父のいうことが聞けるか、という気もちですらあ。

はあ、僕にゃあ、それなりの目的があってなあ……、大陸に行こう、と思うとったんです。僕らの小学校の先輩で、向組（小字名）の佐藤さんらが行っとりましたけえなあ、小学校の先生に頼んで僕もこっそり義勇軍の入隊を申し込んどったんです。それを、親父が知ったわけで……、怒った、怒った……。

せえでも、僕は、強引に出ていったんです。内原《うちはら》（茨城県の内原訓練所）に入隊して訓練を受け、昭和十八年に満州に渡りました。十五歳のときです」

昭和六（一九三一）年、関東軍幕僚の野望が独走するかたちで満州事変が勃発。それによって、傀儡国家の満州国が樹立。そこで、「満洲産業開発五ヵ年計画」や「二十ヵ年百万戸（移住）計画」などの国家再編計画が作成された。いわゆる満州移民計画であるが、順調な増加をみたわけではない。その補充部隊として「満蒙開拓青少年義勇軍」が発足したのである。多くの少年たちが駆り出された。

「満州は、四平省。昌都《せいと》というところで、そこへ岡山県川上中隊の者が集められて、来る日も来る日も開墾作業でした。それが、一年ほど。それから、大連の造船所へ連れて行かれたんですらあ。僕らは、カチカチ山というとったんですけど、セメントで輸送船をつくりました。そのころは、もう鉄がありゃあしませなあ。それからハルビンの北のチチハルの訓練所に行って終戦でした。

そこでも、僕らは、損をしましたあ。まだ歳がゆかん、というて、歳かさの連中にさしくられるばあでした。酒も飲ましてもらえんし、女とも遊ばせてもらえん。ええこたあ、何もなかったですらあ。

そうです、もうちょっとあのままなら、ええこともできたんじゃろうが……、一年ちょっとしたら終戦でしょう。まあ、あそこらへおった者はみんなむげえ目におうたんですが、何のための苦労じゃったんですかなあ。せえでも、まだ若かったから、やり直しもきくじゃろう、と思うて帰ってきたんですらあ」

加賀さんたちの世代は、多感な青年時代を戦時という異常な社会背景のなかで過ごしている。明治以降の軍国政策のもとでは、それから逃避することはほとんど不可能であった。自己の主張も、たとえそれが正当なものであっても、はばかりが多かった。そして、軍隊や義勇軍への志願が、とくに少年や青年たちのあいだではある種の正義と化していったのである。

彼らは、むらの人びとの盛大な見送りのなかを旅だった。そう、かつて交通や通信が未発達な時代は、旅に出るということは、生きて再会できない覚悟を要したのである。旅は、苦行であった。

しかし、満州における加賀さんの体験は、苦行の割には以後の人生に及ぼす影響が少なかったようだ。無駄だったとはいわないが、何のための満州行だったのだろうか、と加賀さんは、さかんに首をひねるのである。ただ、その体験の印象は強く、それが年数を経ているだけに懐かしさが加わって鮮明に蘇ってくるらしい。

そこに、戦争体験、とくに軍隊体験のある人たちに共通する矛盾があるのではなかろうか。あんなこと、といいながら、あれもよかった、とする苦い回想がうかがえるのだ。それは、私などの戦後世代の者には、想像はできてもけっして共感のできないことなのでもある。そこで、加賀さんたちからすると、つい、このごろの若い者は……、ともいいたくなることがでてくるのであろう。

「昭和二十一年七月のことでしたあ。それで、いっぺん家に帰ってきて、僕は僕なりに都会に出て働こう、と思うて……。満州から帰ってくると、このへんの白姓はままごとのように思えて、もう百姓をする気はねえし、ウチには兄貴がおりますけえなあ。ところが、親父は、兄貴には甘かった。金もないのに学校へ行かしてやって、僕が帰ったころには、兄貴は教員になっとった。せえで、兄貴が百姓ができんから、次男の僕に百姓をやれ、でしょう。そねえな割にあわんことができるか、と腹がたって、僕は、こっそり家を出ることにした。

前の晩に荷づくりをしましてなあ、夜が明ける前に障子を開けて縁側から庭に出た。そうしたら、気配を感じたんでしょう、親父が門先に立っとった。それで、泣きつかれた。親父が何のかんのというのはこたえなんだが、お袋が泣いとるのを見ると、僕も振りきって出るわけにもいかんようになって……、それからあとは、そのままズルズルべったりですらあ。

家を継いでみて、びっくりしましたあ。親父が外面《そとづら》がええのはわかっとりましたが、まあ、予想以上に借金がありましてなあ。田も畑も知れとるでしょう、暇がありゃあ、どねえな仕事でも何でも出るしかないですが。結婚しても、新婚旅行もへったくそもなかったです」

「この城平《じょうびら》からは、先生も知っとってんように、馬塚さんや原田さんが杜氏《とうじ》で出とったでしょう。そう、そう、備中杜氏です。ありゃあ、農閑期の仕事ですけえなあ、原田さんに頼んで連れていってもらうことにしたんです。昭和二十八年でしたかなあ、はじめは広島（西条）の初鶴（酒造）の蔵に行きました。あれも、きつい仕事でしたなあ。はじめは、飯《まま》炊きですらあ。酒米を蒸すでしょう、その米研ぎ（洗い）と運搬、蒸しあがった飯をスコップで桶に入れて運搬するんですらあ。片方は冷たいし片方は熱いし、ラクじゃあなかったです。それと、十二月からはじまって三月まで、酒づくりの作業に休みはありませんからなあ。酒蔵の二階の大部屋に寝泊まりして、枕は丸太ですらあ、それを叩かれりゃあ朝暗いうちにも起きにゃあならんです。働きづめでした。

僕は、久しゅう家で正月をしたことがありませんでした。組内のつとめも、ろくにできりゃあしませなあ。息子が生まれたときも、おらなんだぐらいですけえ……。女房も苦労しましたあなあ、家におるのはむずかしい年寄でしたけえ。

それから、四年ほどして、賀陽町《かよう》（上房郡）の酒蔵に移って麴方《こうじかた》にまでなったんですが、いけませなあ、もう体が続かんようになってしもうた。そのころ、日里中学校の跡（合併により廃校）に化工（工場）が来たでしょう、そこへ勤めることにしたんです。

働きづめでしたあ。余裕がなかったんですけえど、何か、自分の運に腹をたてて働いとったようで……、やっぱり、損な人生でしたなあ。僕も、いろいろ力を試してみたいことがあった。

それが、このごろは、息子や嫁に遠慮もせにゃあならん。いっぺん、息子にガンガンいうたら、出ていくゆうて……。僕は、このとおりですけえ、ああ出ていってくれっ、という……。あのときゃあ、息子の方から折れてきましたが、僕にいわせりゃあ、息子なんかは、まだまだ甘え。日曜日は、夫婦して遅うまで寝とるし、起きたらすぐに遊びに出るし……、知らん間に時代が変わったんですらあなあ」

たしかに、戦後の日本の経済成長は、加賀さんたちの世代の愚直なまでの勤労によって成されたのである。だからこそ、このごろの農業は、このごろの若い者は、といいたいこともあるのだろう。

しかし、こうしたとき、私は、とくに意見を求められないかぎり、聞き役に徹することにしている。それが、私には苦痛でない。それも、「いなか神主」のひとつの役目、と心得ているのである。

加賀家を辞するとき、時計はもう十時をまわっていた。外は、しんしんと冷えており、すでに降霜の気配を漂わせていた。

8　株神は摩利支天

新参挨拶

中年の、見るからに恰幅のよい婦人が、酌に出てきた。

その宴席の下座中央に正座して徳利をのせた盆を脇に置き、三ツ指をつき深々と頭をさげた。挨拶の声が、上座の私のところにまで朗々と伝わってくる。

「皆さま、本日はごくろうさまでございます。

お初にお目にかかる方もいらっしゃいますが、渡《わた》ン城《じょう》（屋号）の嫁でございます。

主人がこの三月で退職ですので、昨年末から一足先に私が向こうを引きはらって戻ってまいりました。

今後は、老父母にかわって私どもが株内《かぶうち》のおつとめをさせてもらうことになるか、と思います。いたりませんが、どうかよろしくお願い申しあげます」

そのしぐさや口調に、何となく洗練されたところがみうけられる。挨拶も堂に入ったものだった。が、たぶん、ここに来る前に舅《しゅうと》か姑《しゅうとめ》からそれなりの指示を受けて用意してきた口上だろう、と私はうがって推測した。

彼女の舅は、長く小学校の校長を務めていた人で、もう八十歳を超えているはずである。校長時代から厳格な人で通っていた。その人の息子は県庁勤めで、夫婦ともそれまで家を離れていたので、とくにまち育ちの嫁はいなかの習慣については疎《うと》いはずであった。そこで、元校長が息子の嫁をはじめて株づとめに出すのに、挨拶のしかたを講釈せずにいるはずがない、と思えたのである。

実際に、いなかの習慣には複雑なものがある。

とくに、私の郷里あたりでは、祭りや行事のときの挨拶が厄介である。

たとえば、座敷に通る。まず、はじめに神棚なり仏壇に拝する。氏神や檀那寺に詣でたときと同じ作法ではあるが、ついついこれを忘れて近まわりの人への挨拶を先行する人がいる。これは、私の郷里にかぎったことではないが、日本の村落社会においては、神事や仏事のみならず古風な宴席の場合も、その最上座には神仏が存在する、としてきたのである。だから、何はともあれそれに敬意を表わさなくてはならないわけだ。そのあと、その家の主人から客へと順次挨拶を移してゆくのが正式な方法、とされてきた。

挨拶の口上は、時どきにさまざまであるが、まさかコンニチハと一言ですますわけにもゆかない。本日はお祭りでおめでとうございます、ぐらいの前口上を述べなくてはならないだろう。それから、招かれた場合ならその礼とか、つとめの場合は教えを乞うとかの言葉が続く。当然、挨拶は長くなる。

かつて長老たちは、挨拶をするには、きちんと座して相手の膝に視線をあて、急《せ》かずに言葉を選んで口上を述べ、そのあと背筋を伸ばして深いおじぎをする、という作法を教えていた。私の郷里では、挨拶はハオリバライをしてから、といい伝えてきた。正座したとき、羽織の裾を払って（直して）から口上を述べる方法をいったもので、要は、それぐらい落着いてかかる必然を説いたものである。実際に、それぐらいの余裕がないと、すでに人が集まっている席で、その視線を浴びながら最上座から順に挨拶をしてゆくことは気づまりになるだろう。

だが一方で、このごろ、とくに若い人たちのなかには、それを頭から無視してかかる人がいることも事実である。そして、先の婦人と同年配の人でも、膝をついてすぐに頭を下げる（したがって、不格好に尻が上がる）ような人もいる。口上は、一般的に雑で短くなった。時代の変化といえばそれまでだが、まだ祭りの席では、挨拶のしかたがとやかくいわれることがある。とくに、粗末な挨拶については、大いに陰口がたたかれることになる。

渡ン城の若奥さん（といっても五十歳は過ぎている）の挨拶は、ひさびさに接する見事なものだった。それが私だけの印象でなかったのは、まわりの長老たちから軽いどよめきの気配が感じられたことでわかった。

おおげさにいうと、その座がしまった。

ときは、正月三日。例年どおりの加賀株の祭りの宴席がはじまったばかりのころであった。

摩利支天という神

株神《かぶがみ》の祭りというのは、同姓一族の祖霊祭のことである。

つまり、本家、分家、そのまた分家までが一堂に会して先祖をしのぶのである。この加賀株の場合は、一月三日に本家に各分家から一人ずつが集まって祭りを行なうのが例年のならわしになっている。構成員は、二十四戸。もっとも大きな株のひとつである。本家が毎年の宿《やど》にはなるが、賄《まかな》い方《がた》は二戸ずつが輪番となる。そのときは、渡ン城の加賀さんと八日市（小字名）の加賀さんが賄い方になっており、渡ン城の若奥さんもそのつとめにやってきたわけである。

私の郷里には加賀株、妹尾株、川上株、竹井株などいくつもの株があるが、その守護神は、ほとんど共通して摩利支天神《まりしてんのかみ》（あるいは、摩利大神《まりのおおかみ》ともいう）である。

摩利支天神――もとはインドのヒンドゥー教の神である。ヒンドゥー名はマリーチ。

それが、チベット仏教の外郭部にとり入れられ、やがて中国を経由して日本の密教のなかにその地位を占めるようになった。そして、神道のなかにもその名が現われるようになったのは、鎌倉期における神仏習合の歴史にしたがってのことであった。

摩利支天神は、中世期の日本では武士の守護神として祀られることになった。それは、インド起源のマリーチ像が刀剣をもち戦闘の姿勢を表わしていたからであろう。

それが、吉備高原上の農村の株神として伝えられているのは、なぜであろうか――。

このあたりの一族もまた、歴史を中世までさかのぼってみれば、武士には相違なかった。もちろん、近世の武士ほどに身分を保証されていたはずもなく、いうなれば半農半士のようなものであっただろう。それが、近世の幕藩体制の下では農民に一元化された。そこで、往時の士分を株神として伝えることになったのではあるまいか。

加賀株の株神が祀ってある裏山を、俗に城山《じょうやま》という。その山麓の集落が城平《じょうびら》（美星町黒忠）である。

城山は、台形の立面をもっている。ちょうど擂鉢《すりばち》を伏せたかたちである。石垣はなく、その中腹が鍔《つば》状に広がり段をなしている。つまり、土塁《どるい》構造である。明らかに、中世の山城の典型なのである。

小笹丸城《おざさまるじょう》――といった。

そこが慶長年間までの竹井氏の居城であったことも、かぎられた文献資料からではあるが、ほぼ明らかになっている。そして、竹井氏の家臣団に原田氏や川上氏、山室氏、それに加賀氏などがあった、という。

余談になるが、作家の遠藤周作さんの母方のご先祖がこの小笹丸城主竹井氏につながる。そのご縁からこの数年来、遠藤さんは何度かそこを訪ねてルーツを探られた。そして、『反逆』（講談社）を著わされ、そのなかで中世末の小笹丸城の周辺にも筆を運ばれている。

ながながと美星町のことにふれたが、それはこの町が小説の主人公の一人、竹井藤蔵の出身地だからだ。

美星町には竹井という姓を持った方がかなりおられるのは、その祖先が竹井党というここの土豪だったためである。即ち竹井藤蔵もその竹井党の一人だった。

私は戦国時代の山城が好きで、暇をみつけては地方の土豪たちが拠《よ》りどころとした山城をかなり歩きまわった。しかし、この美星町の小笹丸城は今日まで見たもののなかでは当時の面影をまだ残している。

もちろん建物は消滅しているが、本丸、二の丸、三の丸跡や曲輪《くるわ》も、当時の井戸もある。

椀《わん》を逆さにしたようなこの城跡を最近、美星町の人たちが原形をそのままにして周りの雑木や灌木《かんぼく》をかりとった。

もちろん当時の土豪たちは山城の麓《ふもと》に館をかまえ、戦《いくさ》がはじまると山の砦《とりで》にこもったから、竹井党の当主は現在、殿屋敷とよばれている一角に住んでいたのであろう。美星町では近くこの城や館を別の場所に復元し、当時の土豪の生活環境を再現するそうだから、戦国時代に興味ある方は是非訪れられるとよい。（「取材の滴」より）

日本人は、概してそうなのであろうが、とくに私の郷里のあたりは、血縁意識や地縁意識の強いところであるようだ。城が落ち、残党は帰農して久しいのに、なおその出自を尊ぶ。そして、ときどき祭りや行事を通じて、いわゆる先祖返りをくりかえしている。その象徴として、神仏が厳重に崇められている、とすればよい。これも、宗教にあらざるニッポン教に相違ないだろう。

準備は簡単、登拝は難儀

株祭りは、小祭りである。

氏神の秋祭り（例大祭）や荒神の式年祭など、二、三日がかりで夜っぴての神楽（神代《じんだい》神楽と五行《ごぎょう》神楽や託宣《たくせん》神楽などがあるが、総じて備中神楽という）が奉納されるような大がかりな祭りが大祭りである。それに対して、株祭りや家祈禱《やぎとう》（宅神祭）などを小祭りと俗称する。

小祭りは、神主にとってもラクである。実務も少なく、ほとんど時間に追いたてられることがない。参拝者の顔ぶれも、毎年ほぼ同じである（ふつう、各戸から一人）。そこで、直会《なおらい》（宴会）でもくつろげるのである。

私は、午前中一時間半ほどで御幣《ごへい》や神札《おふだ》などを準備することになる。電気ごたつのテーブルで、紙を折り、切りだし（刀）で幣《ぬさ》や垂《しで》に切る。それを開いて順序どおりに折りつけると、左右が対称の連続模様ができあがるわけである。神札は、前夜のうちに父が書いてくれた本体にハカマ（紙）をかけて水引を結ぶ。

「何度見ても、むずかしいもんですなあ」

と、加賀本家の当主の広信さんが感心したようにいう。広信さんは、私より五、六歳年長で体も顔もいかつく、私の子どものころは、かなり威圧感のある存在であった。

その彼が、かしこまって接待をしてくれる。あらためて考えてみれば、おかしなことではある。何やらこそばゆくもある。

広信さんがたててくれる茶は、煎茶である。備前焼の急須に、煤竹《すすたけ》でつくった茶匙《ちゃさじ》で茶を入れる。湯は、同じ備前焼の湯ざましで適温にさましてある。それを、揃いの小さな碗に注ぎ分け、碗を湿らせたあと急須に入れる。急須の蓋をしめてしばらくおき、それを碗の真上から泡をたてないように注ぐ。最後のあたりの湯滴は並べた碗の茶の濃度を均《なら》すよう順を逆にしてたらしてゆく。なかなか堂に入った作法である。

この地方では、接客用には煎茶をたてるのが一般化している。とくに、客間に通した客に対しては、主人自らが茶をたてる習慣がある。したがって、ほとんどの家で備前焼や萩焼、九谷焼などの煎茶器を一式もっている。

その飲茶習慣が、何が起因となっていつごろから根づいたものか、明らかでないが、いずれにしてもこれほどに徹底しているところは他に類がないのではないか。たとえば、私の親しい友人に地域開発のコンサルタントをしているK氏がいるが、彼が幾多の市町村役場を訪ねたなかで煎茶の接待をうけたのは美星町だけだった、と驚いていた。美星町役場では、町長室にも助役室にも煎茶道具が置いてあり、町長さんや助役さんも自ら茶をたててもてなすのである。

加賀広信さんも、役場勤めをしている。

「僕が役場に入ったころは、各課ごとにも煎茶道具が揃えられていて、まず茶をたてることから教えられたもんですらあ。いまは、一般の職員はふつうの茶碗で番茶を飲んどりますが……。

そういえば、このへんは、茶のたて方にしても酒の注ぎ方にしても、作法がうるさいところでしょうなあ。僕らはあたりまえのように思うとりますが、役場にも毎年一人か二人県職員が派遣されてくるでしょう。あの人らにとってみると、まずそのへんで戸惑うようです」

そのうち、株内の面々も集まってきた。

私は、整えた御幣や神札を神床に飾りつける。烏帽子《えぼし》と狩衣《かりぎぬ》を着け、笏《しゃく》を持てば準備終了である。

株神の社は、そこから山の急斜面をずいぶん登らなくてはならない。

私の祖父は、晩年、この山坂道が登りきれずに、若者たちの背を借りてかつぎあげてもらったことがあった。

家の背戸《せど》（裏手の植えこみ）から畑の脇道へ、それからあとは松林のなかをほとんど直登することになる。人一人がやっと通れる道が、そこを雨水が流れているのでところどころ地面がV字形にえぐられている。おまけに、そのあたりは礫《れき》層であり、それに松葉が降り積っているので滑りやすく、歩きにくいことこの上ない。

私は、着物姿である。烏帽子をかぶり、下駄をはいている。下駄の前歯で、つま先だって歩かなくてはならない。足元に気をとられていると、烏帽子が松の枝にかかる。

このころ、きまったように雪花が舞う。

鼻と耳が冷たい。吐息が白い。

私だけではない。一列で登っている後続の人たちの息が荒い。ほんの数分間で、ハーハー、ゼーゼーという合唱がはじまった。

かつて、この社を下方に降ろそう、という話がもちあがったそうだ。が、その年は農作がすぐれず、株内で不慮の死があった、というのでその話はたちきえた、という。

株神、摩利支天神《まりしてんのかみ》の社は、小さい。それを檜皮葺《ひわだぶ》きの大屋根が覆っている。脇に、瓦宝殿《かわらほうでん》がある。そこには、御崎《みさき》神が祀ってある。不慮の死をとげた、その霊を祀ってあるのである。

呼吸を整えてからでないと、とても拝めない。

二礼二拍手、そして一礼。

私のうしろで、パチ、パチと全員の拍手が響く。

祓《はら》いの詞《ことば》と口祝詞《くちのりと》（申上げ）。その間、約三十分。いわば私の独演会なのだが、途中で息苦しくなる。後半は、たびたびに言葉を区切らなくてはならない。やはり、山登りが相当にこたえているのだろう。

しかし、その間、参列の面々は黙して直立したままなのである。

拝をして略式の祭典を終えると、誰ともなく、寒いなあ、とつぶやくことになる。下りはラクといえばラクであるが、足元に不注意だと、滑りやすい道だけに危険である。

雪花の舞いが乱れてきた。

こりゃあ積るぞ、と最後尾から声があがった。

故郷を離れた老人の回帰

それからが直会《なおらい》である。

最上座は、私と加賀正人さん。正人さんは、参列者の最年長者である。白髪を短く刈りこんでいる。顔色が青く、やや猫背である。それに、寡黙である。静かにチビチビと盃を干す。そして、ボソボソと私に話しかける。

「佳ちゃんは、おかわりありませんか。もう長いこと会うとりませんが……。へえ、私も息子や嫁が働いとるんで、いまは安気に暮らせるようになっとりますけえ、まあよろしゅう伝えてくだせえ」

佳ちゃんというのは、私の母佳子のことである。正人さんと母は、小学校で同級であった。

正人さんは、昭和三十年代に生まれ育ったこの土地を見限って、二人の子どもを連れて岡山市に転出した。

奥さんと離縁したことが直接の原因だというが、経済的にも出奔せざるをえないほど逼迫していたらしい。もとより、自給するのがやっとの農業規模であり、現状を維持してなおその活性化を図るのは容易ではなかったのだ。

正人さんは、岡山市で工員となり、相当な苦労をした、という。再婚もせず、ただ子どもを育てるためだけに働いた。転出してしばらくは、郷里とも没交渉であった。帰るに帰れなかったところもあったのだろう。

正人さんは、そのころのことを語りたがらない。年に一度この日に会うだけだから、私もあえて聞こうともしない。

ところが、そのときは、何だか口調が軽いのである。私に酒をすすめ、問わず語りをはじめだした。

「そうですか、佳ちゃんは元気でまだオートバイ乗りょうてんですか。よろしいなあ。

儂《わし》は、もうおえませなあ。まちでは、家に籠ったら散歩にも出んようになって、自分でもえろう老《ふ》けこんだ、と思うとります。話し相手もおらんし、気がついたら一日中テレビと向かいあっとった、ということもある。それじゃから、年に一回ここへ帰ってくるのが楽しみで、あのころの不義理を考えりゃあ遠慮もあるんですが、性懲りもなく帰ってくるんですらあ……。

もう十年は続けて帰っとりますなあ。先生が来て下さるようになってからは、ずっと続いとるでしょう。

ありゃあ、いつじゃったか、このへんの家ごとに電話が通じたときですらあ。清さん、ここの広信さんの親父ですらあなあ、清さんが電話をくれて、話しとるうちに、いっぺん帰ってけえ、というてくれた。それで、儂が何かきっかけでもねえことには帰れんがな、というたら、そんなら組内全部に挨拶をするのもたいへんじゃから株内のつきあいを戻したらよかろう、ということになりましたんですらあ……。

まあ、株内に戻るんは気もラクですけえ……。さっそく、株内の一軒一軒に電話をかけて、ご無沙汰をしとるが次の年の祭りに帰りたいがえぇでしょうか、と聞きましたんじゃ。そうしたら、皆が、そりゃあ帰ってくりゃあええ、とあっさりいうてくれて……。

恩きせがましゅうない、というのが嬉しかった。電話が通じたばあ、というタイミングもよかったんですなあ。

へえ、酒を持って帰りました。それで、すんなり元へ戻れた。儂の一代、儂が一人ということじゃあねえんですなあ。もっと次元の違うところへ、一代とか一人とかを超えたところへ株のつながりはあるんでしょうなあ……。誰も、儂のそれまでの不義理を咎めなんだし、儂も何もいいわけをせなんだ。頭を下げて酒をついでまわっただけで、それまでの空白がまるでのうなった。不思議なもんです。

本家の平木《ひらき》（屋号）も、何日でも泊まっていけというし、歳をとっとるというだけでいまじゃあこうして上座に座らせてもらえる。ご先祖さまがひきあわせてくれとるんじゃろうが、ありがたいことです。

つまらんことを喋ってしまいましたなあ。忘れてつかあさい……、儂も歳じゃからもう何年も帰れんじゃろう、と思うとつい気が弱うなってしもうて……。まだ来年は会えるでしょうが……」

正人さんは、そういったきり、ぴたりと盃を伏せてしまった。医者から飲酒を禁じられているのについ過ぎてしまった、という。

膳の上には、刺身と焼魚と煮しめがのっている。昨今の祭りの馳走《ちそう》としては、質素である。仕出し料理に頼ろうとせず、ここではまだ手づくりの料理を伝えているのである。株の祭りとは、いかにもそのようなものなのである。

「そろそろ、カラオケでもだせや」

「いや、神楽でも舞おうや」

と、元気者の昭夫さんや章さんから声があがりだした。

直会は一段落、あとは無礼講《ぶれいこう》となる。

このあたりが、神主役の私の引きぎわでもある。

9　中世の歴史再現

開け放った窓から、やわらかな風が梅花の香を運んでくる昼さがりであった。

元号が「平成」にかわって間もなく、私の帰郷を待ちうけて、竹井《たけい》茂一さんが訪ねてきた。

老母はでしゃばりマネージャー

このごろは、なぜか来客が多い。

訪問客を受けつけるのは家つきの老母の役で、彼女は、頻繁に東京に電話をかけてきて私の帰郷を確かめ、祭事と接客の予定をつくるのである。おまえが帰るとあわただしくて手が焼ける、と彼女はこぼすが、そう仕組むのはほかならぬ彼女なのである。それに、母は、おせっかいが過ぎるところがあり、来客の周辺事情を煩わしいまでに事前に講じて、あげくは返答のしかたまでを指図する。もっとも、母親というのはたいがいがそうした性分をもちあわせているのであろうが、私の母の場合は、それが趣味とでもいえるほどに高じているのである。

それに、何といわれようが、彼女は地つき家つきの物知りを自負しているのである。

そのときも、彼女は昼食時に、竹井家のあれこれをまるで録音テープが回転するがごとくに一方的に話したものである。そんなことは知ってるよ、という私の言葉は、お黙り、という一言で消されてしまう。さらば、と飲みかけたビールも、竹井さんに会うのに赤い顔では失礼だ、といってとりあげられてしまった。

であるからして、私は、少々機嫌が悪かった。

「じつは、以前、三年ほど前でしたかなあ、八幡様（黒忠の氏神）の祭りのときに、そのうちご相談にあがりたい、というたことがあるでしょう。

覚えてくれとってですか、そりゃあ、ありがたい。今日のご相談というのは、ほかならぬそのことなんですらあ。あれから、私なりに考えましてなあ、竹井株の祭りをもうちょっと意味のあるもんにしとこう、と思うとるんです。

いまでも竹井株は、とくに私らの向組（小字名）の竹井株は、まあようまとまっておる方でしょう。ですが、私らの先祖は、ご存知のように氏高《うじたか》さん（前述の小笹丸城主）ですからなあ、もうちょっときちんと祀ってあげにゃあ面目がねえように思うんですらあ。

竹井株も、小松や加谷（いずれも小字名）に系統が分かれてありますが、どこも氏高さんをきちんとは祀っとらんでしょう。私らにいわせりゃあ傍系の原田株の方が氏高さんを本尊としとる。そりゃあそれでええんですが、私らが正統な竹野井氏高の子孫じゃという証《あか》しを残しておきてえ、と、こう思うんですらあ。

それで、株神様の脇に供養塔か記念碑を建てよう、と株内への相談をしかけたんですが、ここはまあ、先生のご意見をうかがいながら進めたのがええ、と思いまして……」

茂一さんは、六十六歳。体型は小太り、もう頭髪はすっかり薄い。背広をきちんと着て、妙に恐縮している。さかんに唇をなめまわすのは、酒を飲んだ後であるかららしい。門垣内《かどがあち》（屋号）の法事があったんで……、と彼は弁明する。

母から昼食時のビールをとめられていた私は、これはしめたっ、と膝をたたいたものだった。じゃあもう少し飲みながらの話にしましょうよ、と私は答えて、母に酒の用意を命じた。さすがの彼女も、そこでは従わざるをえなく、台所に退いた。

茂一さんは、ますます恐縮して、彼女の後姿に深々と頭をさげるのであった。

「中世」のよどみとよみがえり

株神というのは、これまでも述べてきたように先祖を同じくする同姓一族の守護神のことである。同根同姓の血族神といってもよい。

向組の竹井株の場合は、十二戸でそれを祀っている。それが、ひとつの集落にかたよってみられるのは（全戸が同姓という例はないが）、一山なり一谷を一族が共同で開墾したからであろう。

ここでも、株神には、摩利支天神《まりしてんのかみ》（摩利大神《まりのおおかみ》）が祀られている。

歴史の概略にしたがえば、竹井一族も、その祖《おや》は士分（半農半士）にあった、ということになる。

そして、茂一さんは、その祖を「氏高さん」と呼んだ。しかし、そう親しげに呼んでいるが、じつは氏高なる人物は、中世は天文期（十六世紀中ごろ）の人物なのである。

歴史がよどんでいる——。

たとえば、『古戦場備中府志』によると、竹野井常陸守《ひたちのかみ》氏高は天文九（一五四一）年に小笹丸《おざさまる》城主になった、とある。

小笹丸城については、最前に紹介したとおりである。擂鉢《すりばち》を伏せたような、典型的な中世の山城の遺構を現在にまで伝えている。

ただし、それは、いかにも小規模である。戦闘用の城というよりは、砦《とりで》に相当する山城とした方がよい。その大元締の領主は、備中松山城（高梁市）の三村氏であっただろう。竹井一族は三村氏に仕えていた。

『備中兵乱記』によれば、毛利軍が天正二（一五七四）年に備中地方に出陣、本城である松山城を落とした、とある。その記述のなかで、落城寸前に竹井氏は他の三氏とともに三村氏を裏切って毛利に通じた、という一文もある。その記録が正しいとすれば、旧主を裏切る代償として氏高は、小笹丸城主に任ぜられて独立した、ということができる。

しかし、所詮は辺鄙な支城の主である。慶長十九（一六一四）年、小笹丸城は廃城となった。と同時に、竹井一族も士分を離れて帰農したのである。

竹井も、それに従う他の氏姓一族も、農民となって久しい。

ところが、小笹丸城主を一族の祖として崇め、株神として摩利支天を祀ることは、以後も連綿と伝えることになったのである。そして、株神の祭りとは、一族の出自を確かめ、はるかなる中世と現世をつないで行なわれるものなのである。あるいは、年に一度中世が蘇る、といった方がよいかもしれない。

そうした中世系の株祭りがこれほどに厳重に伝えられているところは、全国でも稀ではなかろうか。たとえば、『日本の民俗』（全四十七巻）でも、そうした事例はほとんど見あたらないのである。

それを「血の故郷」といったのは、作家の遠藤周作さんである（そう記した石碑が、美星町の中央部の五万原公園に建てられた）。

そのことも、竹井茂一さんたちをいたく刺激した。

「そりゃあ、そうでしょうが。遠藤先生までが、ご先祖を大事に思われとる。ありがてえことですらあ。

遠藤先生の場合は、小松（小字名）の竹井株で、私らとは株が違うんですが、それでも氏高さんが本尊であることは同じですけえなあ。私らも、負けたらいけん、と思うんです。負けたらいけん、というと言葉が悪いが、遠藤先生が話されたり書かれたりしたようなことを、もういっぺんきちんと実証して子孫に伝えるのは私らの役目ですけえなあ。

町でも、リーディングプロジェクト（町づくりプロジェクト）が進んどりますし……、私らも、そうそう他人《ひと》任せでのんびり構えるわけにはいきませんが……」

「星の郷」の地域おこし

いま、私の郷里の美星町では、「地域おこし」（町づくり）が活発である。そのテーマは、ひとつは「星」、もうひとつは「中世」である。いずれも、いいだしっぺは私ということになっているが、私は仲間にかつがれただけのこと。とくに、美星町では、私と同年輩、あるいはそれよりも若い世代が広く活気づいている。

たとえば、「光害防止条例」という町条例の設定が全国的に話題になった。それは、せっかく美星という町名があるのだから（その町名は、合併時に美山村と星田（堺村）のただ単に頭文字をくっつけたにすぎないのだが）、星空を大事にしよう、そのために地上の照明を工夫して星空を眺めやすくしよう、という主旨からなる。それを発案したのは、弱冠二十八歳の町役場の職員であった。

「中世」については、いまひとつ一般にわかりにくいところがあるが、これは、まずは村落（郷）の景観を大事にしてゆこう、という提唱が基本となる。

たとえば、小笹丸《おざさまる》城跡のある城平《じょうびら》（美星村黒忠）の集落は、大別すると、原田株・加賀株・山木株・尾笹株の家々からなっており、それぞれの本家筋の屋敷が城山の山腹（城山の土塁近く）にある。そして、それぞれの株神（祭神はいずれも摩利支天神）の社が、その裏手（上方）にあるのだ。さらに、本家屋敷の脇にはきまってクミカワと俗称する湧泉があって、それより下方、山麓にかけて、それぞれの分家筋の家々が一番分家、二番分家というふうに段階的に開かれているのである。

山頂から山麓まで、ある種の垂直分布の構図がみられるのだ。私は、これを中世的な景観としてとらえている。

中世的な景観とは、その史実に少々疎くとも、家まわりの耕地や植生のあり方からも見当づけることができる。

まず、家をとりかこむかたちで、傾斜地一面に畑が開かれている。水田は、はるか下方にしかみられない。それは、むろん地形や水利の制約があってのことで、いちがいにきめつけるわけにはゆかないが、いずれにせよはじめは畑作に頼って定住がなされたわけである。つまり、近世に開かれた村むらの多くがそうであるような、稲作一辺倒の景色ではないのだ。

さらに大げさにいえば、弥生系の景色よりも縄文系の景色の方が表出してみられもするのである。

たとえば、家の背戸《せど》（後方）や脇に生木《なりき》が多く植わっている。

「桃栗三年柿八年、柚《ゆず》は九年でなりさがる」という諺は、それぐらいの年数をかけても家まわりに植えておかなくてはならない重要な食用樹であることを表わしていることは、いうをまたない。この場合は、桃はスモモかウメ、栗はドングリ類（カシ・シイ・トチなど）と解釈できよう。いずれも、古くさかのぼればさかのぼるだけ、食材として、あるいは調味料として重要であった。とすれば、山地に自生していた縄文系の採集食物が定住地に移植された、という推測もなりたつわけである。

そうした中世的な景観がこれまで大きく塗りかえられることなく伝えられ、そこで中世系の荒神（産土荒神）や株神の祭りが連綿と維持されている事実は、奇特なことといわなくてはならないだろう。

私たちは、かねがね、それらを後世まで広く世間に問うために何らかの対策をもって動態保存ができないものか、と思っていた。そして、折あるごとに、町当局にも提案してきた。つまり、いうなれば集落ごとを博物館の展示コーナーと想定して散策コースがつくれないものか、日本にひとつぐらい中世の歴史景観を標榜するところがあってもよいのではないか、と考えたのである。

それが、うまく運んで、自治省指定のリーディングプロジェクトによって「中世夢が原」野外博物館構想が実現することになった。ちょうど時を同じくして、遠藤周作さんも「血の故郷」の風景を掘りおこしにかかられたわけである。

竹井茂一さんは、そうした一連の動きにとりわけ敏感である。

「先生が町のリーディングプロジェクトにご尽力くださっとるのをよう知ったうえでいうんですが、先生、城平ばあでのうて私らの向組も忘れんように、よろしゅうたのみます。

竹井株の摩利支天さんが祀ってある山も、中世の館があったはずのところです。昔から、トノヤシキ（殿屋敷）というとるんですからなあ。行ってみてくださりゃあようわかってもらえると思うんですが、城平の小笹丸（城跡）ときちっと対面《トイメン》にあるんです。土塁らしきものもあります。小笹丸の出城なり館があったとしても不思議じゃあねえでしょう。私は、氏高さんが春高（嫡子《ちゃくし》）に家督をゆずったあとでこっちに移って住んだんじゃろう、と思うとるんです。

氏高さんの墓は、城平にはないんですけえなあ。氏高さんの墓は、平等寺《びょうどうじ》にあったんです。私は、原田万平さん（郷土史家・故人）が原田株の記念碑に書かれた碑文から見当をたてて、たしか平等寺にある、と探してみたんです。平等寺は、いまは本村（小字名）にありますが、ご存知のように、もともとウチ（竹井家）の下にあったんですからなあ。

それが、あったんですらあ。平等寺の和尚さんの墓の下敷に、立派な五輪石が埋めてある。ええ、美星町でもちょっと類がないほど立派な石です。これは、並の人間の墓石じゃあない、氏高さんの供養塔としてええ、と思うんです。それがどうして和尚さんの墓石の下敷になっとるんか、まことに残念なことですが、たぶん平等寺を移転するときに誰ぞが無神経なことをしたんでしょうなあ。

ただ、竹井株の家は、平等寺の檀家じゃありませんからなあ。昔は何軒かが平等寺の檀家じゃったそうですが、これも、いつごろからか外れてしもうとる。そういうことで、いまの平等寺の檀家との折合をつけにゃあいけんのですが、こりゃあ何とかしますそれを掘りだして、こっちへもろうて、まさかそれを氏高さんの墓とはできんでしょうが、竹井株での供養塔としたいんですらあ。

具体的にいえば、そういうことなんです。

それで、先生に、まず見てもらいたいんです。トノヤシキも、その五輪石も。株内にも集まってもらいますけえ、ぜひご足労を願いたい、と今日はお願いに来ましたわけで……」

遠い親戚よりも近くの他人

私は、ひととおり黙って聞いていた。

茂一さんの話の筋は、もちろん理解ができる。が、思いが強くはしりすぎて、史実の確認が不足しているようにも感じられる。しかし、あらためて考えてみれば、中世の状況を適確に物語る地方《じかた》の文書などほとんどないはずだから、現実には中世に興味を寄せる者がわずかに伝わる痕跡をつないで推理するしかないところもある。歴史学者による中世史研究も、まだ十分に空白を埋めきってはいないのである。

しかし、ここでは竹井茂一流の史観もよし、としてよろしいだろう。それが、竹井株全体で同意されて小笹丸城主に連なる株祖（先祖）の供養塔が建つならば、それもご同慶の至り、といわなければなるまい。ただ、町の事業費をそこへ投じられるかどうか、それは私の関知するところではない、と私は答えておいた。

それに、いくら由緒がありそうだからといっても、また、いくら粗末に扱われているからといっても、他の株の檀那寺の石塔が簡単に譲りうけられるかどうか。そこは慎重に運ばなくてはならない、という苦言も呈しておいた。

それにしても、茂一さんの情熱はなみなみならぬものがある。最近、私が帰郷すると、さまざまな相談ごとが待ちうけているが、これは、なかでも異常なまでに執着がうかがえるのである。

それについても、あとでわが老母が講釈をする。

茂一さんは、先の町会議員選挙で落選した。茂一さんは、長く県職勤務で家をあけ、組や株づとめも十分にできなかった。それが、退職後に帰郷、すぐに選挙に出たのでは票が集まらないのも道理であった。参謀の人選に問題があったが、本人の地元への奉仕も不足した。それを茂一さんが痛感したからこそ、株の祭りにも一生懸命なんだ、というのである。

それなら、次の選挙運動のためでもあるのか。日を改めて、彼が現場を案内する、といって迎えにきたとき、私は、あけすけにその真意を尋ねた。

「いやあ、先生、面目ありません。選挙は、もうこりごりですらあ。もう出る気はありません。

なんせ、株内、身内の票がよその候補に流れたんですけえ……、情けなかったです。もういっぺん足場を固めて出よう、と思うたこともたしかですが、そのうち、余生をかけて自分にできることは何か、と考えましてなあ。町会議員になって一期やそこら働いても、しれとりますが。あの世に行ってご先祖様に顔をあわせても、ようやってくれた、とはいわれんでしょう。

心配いりません。先生にそういうご迷惑かけることはありませんけえ……。さあ、いま、株内の者《もん》も集まっとりますけえ、案内させてもらいます」

それから一年、竹井茂一さんの努力が実って、「城主　竹井常陸介氏高公供養塔」

がいよいよ建つことになった。ちょうど、竹井株の摩利神社と並ぶ位置が定められた。

株内の各戸の負担金が十万円、合計百二十万円。それに、トノヤシキの整備資金ということで、町から百万円の補助金がつくことになった。竹井株だけでなく、地域全体の歴史保存地区として、そのあたり一帯が小公園として整備されることになったのである。

ただ、平等寺の五輪石については、檀家の同意が得られず断念せざるをえなかった。供養塔は、新たに設計したのだ、という。

平成二年四月二十日に記念式典、という案内が私のもとにも届いた。

10　町づくりプロジェクトの十年

十数年ぶりの邂逅から

河上岩男さんは、頬を紅く染めてニコニコと笑いながらいうのである。

彼は、酔って態度を崩すことはあまりないが、時に笑い上戸《じょうご》気味になる。

「おかげさまで、五万原（地名）の中世夢が原（自治省指定のリーディングプロジェクト）は、まあ順調に建設が進んどります。それよりも、先ほどもいいましたように、神楽伝承館を急がにゃあいけんのですらあ。これは、県の補助事業ですんで、年度内にせめて基礎工事までは手をつけとかにゃあいけんのです。

それですんで、先生が帰っとってん間に、場所と設計の方針だけは決めときたいと思います。よろしゅう検討しといてください。まあ、だいたい今日聞かせてもろうた線でいけると思いますけえど……、先生の意見をもろうとかんことにゃあ進められませんのですわ。

いや、ほんまにすまんと思うとります。こんなに引きずりこんでしもうて、すまんことです。それに、またごちそうになってしもうて……」

　少々ろれつが怪しくなっている。ニコニコ笑いがニタニタ顔にもなってきた。もっとも、当方も酩酊寸前にあるから、それを確《しか》と判別する余裕はない。

　思えば、この数年間、こうして彼と何度盃をかわしたことだろうか。彼とのつきあいが頻繁になったのは、郷里で「地域おこし」（町づくり）の気運が高まってきてからである。彼は、役場に勤務しており（当時、総務係長で地域振興室付）、いわば町づくりのキーパーソンの立場にある。私は、アドバイザリースタッフの一人としてそれに協力しているのである。

　あれは、もう十年も前のことである。

　旧正月の神事のために帰省した私のところに、役場の岸川剛一さん（当時は教育委員会）から電話があった。岸川さんについては、社会教育面でのベテランで社交的で行動力がある美星町役場の名物職員、という程度の知識はもっていたが、それまでに親しく話をしたことはなかった。その岸川さんが、折りいって相談したい、というのであった。

　ところが、私は、連日昼間は神事で身を拘束されている。それで、次の日の夜に家まで来てもらえるなら、という返事をした。

そのとき、岸川さんは、河上さんを連れてきたのである。

河上さんとは、十数年ぶりの邂逅《かいこう》であった。

というのは、彼と私とは日里中学校（後に美星中学校に統合）の同窓だったからである。彼は、私の一年後輩であった。一学年二クラスの中学校であるから、むろん、学年が違っても顔ぐらいは知りあっていた。

彼は、テニス部に所属していた。私は、野球部に所属していた。テニス部と野球部は同じグラウンドを共有しており、野球でいうレフトの守備位置にテニスコートがあった。したがって、テニス部の練習がはじまると、われわれ野球部はレフト方面に打球を飛ばさないように練習方法を工夫しなくてはならなかったのである。

それがため、対立抗争というほど大げさなものではなかったが、テニス部と野球部のあいだには反目するものがあった。もとより、テニス部と野球部は、その構成部員の体質が違っていた。一言でいうと、テニス部のそれは柔であり、野球部のそれは剛であった。われわれ野球部の面々からすると、あいつら女の子の尻を追っかけてお手玉遊びをしやがって、という陰口をたたくことにもなる。

そうであるから、中学校時代の彼と私とは、顔はよくあわせながらも口をきく機会をほとんどもたなかったのである。

しかし、十数年ぶりに彼に会った私は、自然と「岩ちゃん」と呼びかけたものである。

その言葉を、彼は、はにかんだ表情で受けた。彼も、私のことをちゃんづけで呼びかえせばよかったのだが、岸川さんの手前もあってか、挨拶の言葉をもぐもぐと濁らせたままであった。

そこに、少年時代のおとなしい岩ちゃんの面影があった。

話は、岸川さんが一方的に説いただけであった。岸川さんの場合は、まくしたてる、といった方がよいほどに私に対しても岩ちゃんに対しても一方的であった。

その話の要点は、町長が交代したのを機に文化とか観光をテーマとした町づくりを推進することになった。若い世代を中核にそのプロジェクトチームを組織するので、とりまとめを手伝ってほしい、ということであった。

郷里におけるその種の話は、理よりも情において受けざるをえないことがある。とくに、私の場合は、実生活の拠点は東京におきながら、家業（神主業）は郷里においたままなので立場が微妙である。知人・友人も多く、そのつきあいも継続したままである。

そんなとき、私の家では母の発言力が強い。母は、地つきの家つきなので、地域社会の人間関係にはことのほか詳しい。そのときも、母は、酒肴を整えて運んできて、皆さんが一生懸命になっているんだから条件なんかつけずに手伝いなさい、と私に命じたのであった。どうやら、岸川さんは、本件を事前に母に通じていたらしい。私の立場は、そうなると軟弱なものになる。

以来、私は、郷里の町づくりをとおして河上岩男さんとのつきあいが深まってきたのである。

肝っ玉女房、亭主をたてる

もう深夜である。

私の父や母は、とっくに寝床に入っている。岩ちゃんと私は、なおも盃をかわしている。母が飼っている猫がこたつからはいだして、大きくあくびをした。

そのとき、自動車のエンジン音がかすかに響いて、表のガラス戸にヘッドライトの光が薄い輪を映しだした。

岩ちゃんが、それじゃあ、といって席をたとうとする。奥さんの慶子さんが迎えにきたのである。

慶子さんは、いつも明るい。さっぱりとした気質が、そのまま声色に表われている。深夜に訪問するには場違いのようなくったくのない声で、玄関のたたきに立つ。

「すみません、先生。また遅うまでおじゃましまして、ご迷惑かけました」

おかっぱ頭を深々とさげる。そのしぐさが、すっかり私の郷里の風《ふう》にあっている。

それをからかい気味に、またまた主婦の貫禄がでてきましたなあ、と私がいうと、
ええお父さんが十分に餌を与えてくれるもんですから、と即妙な答がかえってきた。

彼女の明るさは、機微にもふれる明るさなのである。私は、それを好ましいもの、と思っている。

所詮は脇《はた》からのおせっかいにすぎないが、私は、岩ちゃんは慶子さんと結婚してよかった、と思っている。ほんとうによかった、と心底よろこんでいる。

慶子さんの存在を知らなければ、私は、岩ちゃんと組んで町づくりにとりくまなかったかもしれない。それほどに、岩ちゃんにとってだけでなく、私にとっても彼女の存在は大きいのである。大げさにいえば、町づくりの諸事業がこれほどに軌道にのった現状では、町にとっても彼女の存在は少なからず作用したはずである。

慶子さんは、岩ちゃんを変えた。

じつは、岩ちゃんは、再婚なのである。

十数年前、岩ちゃんは、はじめの奥さんと死別した。奥さんの死は、岩ちゃんにも

原因がよくわからない事故死であった。当然ながら、そのころの岩ちゃんは、覇気が乏しかった。わが身の不幸のなかに籠りきった印象が強かった。ちょうど、岸川さんが私の家に連れてきたころも、そうであった。

無理もないことではある。岩ちゃん自身も、幼くして父親を亡くし、母子家庭に育っている。狭い、いなかの世間である。その種の事件が、いかに自らを閉鎖するものであるか、想像にかたくない。

私も、その因果を知って、内心これは困った、と思ったものだ。

私は、自分では、理論だてが苦手な人間だと認めている。意気に感じて動く単純直行型で、ついつい、まわりもそうだろうと信じて疑わないところで、周囲から浮きあがったり反発をくったりする傾向がある。したがって、情がからんだ話にのってからまわりはしたくない、という警戒心がこのごろは強まってきている。

それはともかく、しかしそうであるから、郷里の町づくりについても、相手側の意気が感じられないことにはやる気がおきないのである。が、そのときの岩ちゃんからは、覇気というものがさほどに感じられなかった。

私は、町づくりは、誰が長期的に軸になるかが先決だ、とかねがね提唱してきた。いわゆる町づくりプロジェクトの事務局長役の果す役割が大きい。それが、私の郷里の場合は、その潜在的な能力からして岩ちゃんであるらしい、とわかったものの手ごたえが感じられない。

そこで、私は、岸川さんに問うたものだ。ほんとうに岩ちゃんに任せてよいのか、と。すると、岸川さんもさるもので、だからこそ手を貸してやってほしいのだ、というのであった。

そのあと、二度目だったか三度目だったか、打ちあわせの席の岩ちゃんの言動にある変化がみられたのである。表情に生気が戻り、言葉が力強くなったのである。かすかではあるが、私は、はじめて手ごたえを感じた。

その裏で、慶子さんとの縁談が進んでいたのである。

岩ちゃんは明るくなった、積極的になった、とまわりからもいわれはじめたころ、私は、慶子さんと会う機会があった。

その瞬間、私は、岩ちゃんの蘇生を信じたのである。もっとも、私の人をみる眼は保証のかぎりではないが、私は、そうした瞬間の印象を大事にしたい、と思っている。

そのとき私は、初対面の彼女に対して、岩ちゃんを引っぱりまわして家にかえさないようになりますよ、といった覚えがある。いまにして思えば、彼女にはまだ意味が不明の言葉であっただろう。だが、彼女は、いいですよ、といとも簡単にいいきったのである。

彼女は、彼女なりにそれまで苦労を重ねたのではなかろうか。それを超えたところで、胆力と明るさを備えたようである。

私は、彼女を知ってすぐに、美星町長に会って、岩ちゃんたち若手が中心の町づくり基本構想委員会の座長を正式に受諾したのである。

何もなくても歴史はある

前章で述べもしたように、郷里の町づくりプロジェクトは、「中世」と「星」をキーワードとして進められている。

もちろん、そこに至るまでは相応の紆余曲折があった。いちばんの問題は、何もとりえがないところだからいまさら……、という多くの人が共有していた弱気や甘えを払うことであった。

そこで、私は、少々強引とも思えたが、何もなければ「中世の歴史保存」を考えよう、と提案した。ことあるごとに吠えまくった、といってもよい。

このことはあくまでも私見私論である。が、歴史や民俗に興味をもってからの私は、吉備高原上の郷里のあたりは中世的な自然景観と中世起源と思われる行事や芸能の伝承をもったところである、という見方をしてきた。

まずその景観である。なだらかな丘陵地、赤土土壌に赤松林、という明るくたおやかで女性的な自然景観、さらに稲作と畑作がほぼ半々の自給性の高い生活を物語る集落景観が注目に値する。

また、そこには、八日市《ようかいち》という峠（分水嶺）に開けた三斎市《さんさいいち》の流れをくむ街村集落もある。集落をつなぐ古道は山の中腹を往来するもので、その道端には、白色粒状石灰岩（結晶質石灰岩）系の五輪石《ごりんせき》や宝篋印塔《ほうきょういんとう》が無数にある。小笹丸《おざさまる》城跡や金黒山《かなくろやま》城跡のような典型的な山城の跡もある。

とくに、産土荒神《うぶすなこうじん》の式年祭には、白蓋《びやつかい》神事（降神行事）、五行《ごぎょう》神楽、託宣《たくせん》神事など中世系の神事や芸能をうかがわせるものが多く含まれている。株神の祭りもよく伝承されている。

そうしたことについては、これまでにも折につけふれてきたとおりである。

それは、このあたりが近世の幕藩体制の影響をさほど受けなかったことに大きく起因している、といえよう。つまり、吉備高原一帯は、他地方のように強力大名の直接支配は少なく、僻遠《へきえん》の地に門居を構える領主が名目的に治めていたにすぎないところが多いのだ。言い換えると、近世になっても、中世の村むらの既得権を認めるかたちで名目的な領主による分割統治が行なわれていたわけである。それを、利権に乏しく執着に値しないところ、とみるか。あるいは、安定した自治力が既得権益のごとく認められた、とみるか。そうしたきわめて特殊な歴史的経緯を経て、吉備高原上の村落には、現在もなお中世社会の風景が残存しているのである。

ちなみに、日本の歴史研究のうえでも長いあいだ、中世は空白期とされてきた。それだけに、美星町で中世的な遺産の調査研究を進め、それを伝承保存することには、日本的規模での意義がある。そこで、私は、美星町に行ったら、中世を知る手がかりがみられる、といったような歴史公園なり野外博物館を具体的な核として、さらに周辺整備や観光開発を考えていったらどうだろうか、と提案したわけだ。

しかし、そうした抽象的な提案がすんなりと受けいれられたわけではない。ほとんどの人には、中世という時代がわからない。わからないから、その遺産の価値も認められない。歴史研究の世界でも長く手がつけられなかった分野であるから、あたりまえといえばあたりまえのことであった。

私の声も、さすがに嗄《か》れてきた。

そんなときである。岩ちゃんが、単独で上京してきた。

自治省がリーディングプロジェクト事業（新規補助事業）を打ちだしており、初年度（昭和六十一年）九件は内定しているので、その説明会にオブザーバーでもぐりこもう、というのである。いわば、次年度以降の指定を受けるための下検分、という程度の気軽な参加であった。

中世の歴史保存計画も、資料としたら手書きの粗案しか用意していない。その段階では、美星町でも非公式の、あくまで有志による夢物語にすぎなかったのだ。

内定の市町村に対する自治省側の質疑が早目に切りあげられたのが、われわれにとっては幸いであった。某担当官が、美星町さんも何か構想があるんですか、と声をかけてくれた。

岩ちゃんと私は、面くらったが、ままよと説明をはじめた。きっと喋りまくった、に相違ない。が、岩ちゃんと私の口裏は、ぴったりと合っていたはずである。

それが、急遽採択と相なった。どうしてそうなったか、いまだによくわからないところがあるが、自治省では美星町の若い世代が描く夢を買ってくれたのであろう。それがため内定をとり消された某市に対しては申しわけないことであったが、しかし、このごろお上もいきなはからいをしてくれるものだ、とも思った。

おかげで、郷里の町づくり熱は、一気に高まることになった。もっとも、新聞発表があってから議会や役場の幹部会への説明に走りまわらなくてはならなかったわけだから、町長や岸川さん、河上さんたちのあわただしさはご苦労なことであった。

それにつけても、お上のお墨付きは、その構造自体には問題も残るが、地方の町村にとっては大いなる威力がある。この一件を通じて、あらためて知ったことである。

町づくりは、やはり人づくり

昭和六十一年、六十二年の二年間は、その関係の会議がたび重なった。

例年、私は、秋口から旧正月にかけての神主業の多忙期に帰省が集中するのであるが、この二年間は春から夏にかけても帰省をくりかえさなくてはならなくなった。しかし、岩ちゃんだけでなく同世代やそれよりも若い世代の仲間の意気が盛んになってゆくのがみえれば、頻繁な往復も苦にはならなかった。

町づくりは、次代を担う若者が意義を共有してこそ推進される。

その意味においては、リーディングプロジェクトを核とした町づくりの基本的な立案を、若手職員と私のような部外者にほとんど無条件で任せてくれた町長以下の行政幹部の姿勢が評価されるべきである。これは、できそうでできることではないのだ。

なかでも効果があったのは、そのメンバーによる韓国と台湾への視察行であった。

それは、ただの視察旅行ではない。韓国では民俗村を、台湾では九族文化村を対象にしぼってのものである。それを見聞して、道中や宿舎で討論を重ねる。そこが、隣国の韓国や台湾であるから、自分たちの間尺に近いところでいろいろな話が進展するのである。それが、ヨーロッパあたりだと、比較するまでもなく文化の素地が離れすぎているので、身近な話題に還元されにくいであろう。日本にはない本格的な野外博物館が隣国にあり、それは観光施設としても十分に機能している、ということは、誰もが新鮮な刺激として感受したようである。そして、そうしたものを中心施設として町づくりにとりくめばよい、というイメージがより明確に共有できることになった。

ついでにいえば、この二度の視察行は、すべて参加者の自己負担であった。公費が使えるほど、まだ私たちの町づくりの動きは周囲に理解が得られてなかったのである。それだけに、皆が貪欲であったのだ。

そうしたなかで、「中世」と同等の位置づけで「星」というテーマが浮上してきたのである。

もっとも、前述もしたように、美星という町名は、昭和二十九年の旧四村合併のときに半ば偶然に生まれたものである。しかし、偶然とはいえ、その名のとおり高原上にある郷里の満天に輝く星はまことに美しい。

ちなみに、星の観測条件は、晴天と暗さと大気安定の三つである、という。岡山県の南西部から広島県の東部にかけては、いわゆる瀬戸内海気候で晴天日が多く、大気も安定しており、以前から天体観測の適地として知られていた。しかし、ここ二十年ほどのあいだに、沿岸部の倉敷や福山などの都市化（コンビナート建設）によって夜が明るさを増し、肝心の暗さが失われていってしまったのである。

そこで、まだ夜空の暗さが残る美星町などの高原部が最近注目されるようになった。

しかし、その空も、自然環境の破壊や都市部の公害の影響で年々美しさを失ってきている。

そこで、前出の「光害防止条例」なる町条例の提案がなされることになったのである。これまで規制のなかった人工照明にはどめをかけて、ふるさとの星空を守り伝えよう、という主旨である。

平成元年、それが町議会で制定された。アメリカ（アリゾナ州ツーソン他）には前例があるが、日本では初の試みであった。一時期、新聞やテレビなどをにぎわせたニュースであるから、ご存知の方も多かろう。そして、「星の降る夜」と銘うった星空ウォッチングのイベントは夏休み期間中の行事として、すでに定着しつつある。

——右のような経緯をもって、私の郷里の町づくりは進められている。

歴史テーマパーク「中世夢が原」の開園は、平成四年の春と決まった。

まだ、予断を許さないあぶなげなところはあるものの、岩ちゃんをはじめとしてそ、、、のことを自信をもって語れるだけの若い人材が育ってきていることが何よりも嬉しいことである。

そして、そのことだけにかぎっていえば、どうやら私も、当面の役目を果したことになりそうだ。

11　いまは亡き友人の憂い

おさななじみのドライバー

山陽新幹線、新倉敷の駅前で――。

「それじゃあ、気をつけて……。また、早う帰ってきてください」

大本順介さんは、そういって見送ってくれた。

毎度のことである。そういわれて大本さんに見送られるのは、もう何度目のことだろうか。

大本さんは、「八日市タクシー」の運転手である。運転手とはいっても、オーナードライバーである。

私は、祭りどきになると新幹線を利用して頻繁に往復をくりかえしている。私の郷里は、吉備高原の南端に位置しており、新倉敷駅からだと直線距離でみるとさほど遠くはないが、相当な山坂道をたどることになるので自動車で小一時間はかかることになる。しかも、バスの直行便はなく、途中の矢掛《やかげ》（小田郡矢掛町）までのバス便もかぎられているので、その往来にはタクシーに頼らざるをえないのである(タクシー代は、片道が約六千円)。

そこで、私は、大本さんのタクシーをたびたびに利用することになるのである。

もう十数年来、そうしてきた。

大本さんは、私を〝ちゃん〟呼びしてくれる、このごろでは数少ない人のひとりである。

「おふくろが、よう怒るんですらあ。宣ちゃん、ゆうたらいけん、先生といえと……。

せえじゃいうても、いけるもんですかなあ。前から、ずっとそう呼んできたんじゃけえ。まあ、人前にでたらそうはいわんから、というておふくろには応じとくんですが、何か、宣ちゃん以外の呼び方はこそばゆうて(気恥かしくて)……」

大本さんの住む八日市は、私の家から歩いて十分。したがって、大本さんと私は、同じ八幡様の氏子《うじこ》であり、同じ小・中学校の卒業生なのである。しかも、大本さんは、私よりひとまわりも年長で当年とって五十七歳、当然、私のことを〝ちゃん〟呼びしてしかるべきなのである。

私が子どものころ、大本さんは、ずいぶんと強面《こわもて》の青年であった。といっても、大本さんの印象が濃いのは、私が小学校三、四年生のころで、そのころ大本さんは、すでに社会人であった。大本さんは、中学校を卒業すると備北バス（備中地方北部にバス網をもっている）に就職、たしかそのころは、高梁《たかはし》（高梁市）の営業所に配属されて車掌になっていたはずである。休みの日を利用して、大本さんは、八日市の生家によく帰ってきていた。

黒い詰め襟の制服、やや小ぶりな制帽だっただろう。少しのちの高校生のような格好だった。その制帽を、卵の白身やら何やらで塗ってテカテカに艶をだし、鍔《つば》を大きく曲げ、あみだにかぶっていた印象が強い。それに、セルロイド製の、いまから思うと安物以外の何物でもないサングラスをかけていたこともあった。

大本さんが八日市に帰ってくるのは、成羽《なりわ》（川上郡）発のバスであった。その終バスは八日市止り（終点）であり、乗務員たちは、大本さんの家を宿としていた。八日市のひとつ手前の停留所が私の家の近くにあり、小学校前という停留所名であった（私の家は、小学校に隣接してある）。

そこで、校庭で日暮れどきまで遊んでいる子どもたちがある期待をもって終バスを迎えることになった。

大本さんが乗っていて、他の客がいないときは、バスが校庭に入ってくることがあるからである。大本さんが、運転手や車掌に断って運転練習をするためであった。夏時分ならまだ薄暮、小一時間は練習にあてることが可能であった。

私たちは、それに乗せてもらうことが楽しみであった。それは、大本さんの気分次第のところがあり、私たちにとっては、大本さんが神や仏にみえたり鬼にみえたりで、そのつど悲喜の両極を味わうことになった。

塗料がところどころはげたボンネットバスが、窓枠やガラスをガタピシさせながら、そう大きくもない小学校の運動場をグルグルまわっている——そういうのどかな景色が、かつてはあったのである。

その大本さんは、やがて運転免許をとり、昭和三十五年に退職。そして、クラウンを一台購入してタクシー業をはじめた。

そのころ、私は、高校、大学と郷里を離れていて、大本さんの転業の前後をよく知らない。が、結果において、現在、ローカルバスの会社は経営の衰退をきわめており、タクシー業界は堅実な営業を維持している事実をみると、大本さんに先見の明があった、ということになるだろう。

八日市根性は町場気質

このごろ、大本さんは、私があれこれ尋ねなくても、身辺でおきるさまざまな話題を車中で提供してくれる。

「タクシーの運転手が噂を流すようなことをしたらいけんのですが、宣ちゃんは口が堅いし、何となく宣ちゃんを相手なら僕の口も軽うなってしまうから……」

と、大本さんはいうが、私は、自分でも口は堅いと思うが、一方の筆は軽いから、ここは大本さんをあわてさせることになるかもしれない。

なるほど、私の郷里ほどの狭い社会では、大本さんあたりがいちばん人と人、家庭と家庭のさまざまな内情を適確に把握しているはずなのである。事実、私も、用事があって日に何度か郷里の家に電話をかけてみても老父母がでないときなどは、大本さんに電話をかけて尋ねてみると、すぐさま、今日はどこどこの法事があるから……、というふうな回答が返ってくるのである。

町議会の選挙の下馬評なども、大本さんにかかると、読みちがえはほとんどない。地獄耳、というか、大本さんのタクシーそのものが、口コミ情報がふき溜《だま》るところなのである。

このごろ、大本さんには、何やかやと地区の役職がまわってきて多忙であるらしい。

「この秋の祭りまでには子ども神輿《みこし》ができますんで、まあ楽しみにしとってください。

ようやら話がまとまりました。宣ちゃんもご存知のように、八日市というところは、むずかしいところですけえなあ。祭りの日を土曜日曜に動かすことでも、えっと（たくさん）すったもんだして、二転三転してようやら十一月最終の土日曜になったんです。せっかくそう決めたんじゃから、祭りをにぎやかにせにゃあいけん、子どもらにも参加してもらおうとしたら神輿ぐらいつくってやらにゃあいけん、それぐらいのことは皆が同意できるはずなんですが、それがなかなかできんのです。

それも、何も自腹をきってまでというんじゃあないんですから。町からふるさと創生（国からの補助金）の地区割りあてがでることになったでしょう。それに申請してみよう、というだけの意見がまとまらん。ほんまに、皆、狭い了見ばあで、八日市をどう活性化しようとか、子どもらにどう夢をもたせようとか、考えてくれんもんで……。

それで、僕ら役員だけで、長谷川さん、久安さん、原田さん、井上さんと僕の五人なんですが、それが有志ということで神輿を買うて八日市組へ寄付することにしたんですらあ。町からの補助金が入ったら、それで埋めてもよし、それが入らんでも、有志の寄付ということなら文句もでんじゃろう、と。

そうでもせんことにゃあ、八日市は、ますますさびれてしまう。そうでしょうが、なあ……」

八日市という組内のまとまりの乏しさは、いまにはじまったことではない。

私が神主で祭りに行ってみても、ときに、妙にちぐはぐした雰囲気が感じられたりするものである。たとえば、大当番（頭屋）の家に行くと、ふつうは相当番（副頭屋）や当番組の役員ぐらいはそこに詰めていて、何やかやと世話をやいてくれるものなのである。つまり、大当番は、神主や客の愛想をするだけで、その他のこまごました雑用は相当番以下の者が補助するのが、この地方のしきたりというものであった。ひとり祭りにかぎらず、かつては婚礼や葬儀でも、宿（当家）の主人が忙しく動くことはなく、組内の人が諸役を分担して行事が円滑に進められる。それが、村落組織であり相互扶助というものなのである。

それが、八日市では、稀薄に感じられることがしばしばあるのだ。船頭多くして実働をともなわない、そんな風《ふう》もある。

極端にたとえれば、個人主義が中心にあり都市的である、といってよいかもしれない。

近隣の他集落では、それを「八日市根性」といっていた。

むろん、それにはそれなりの歴史的な背景がある。

八日市は、街村（町場）なのである。約百戸の民家が軒を並べている。そして、農家も含まれているが、商家や家内工業が多い（もちろん、このごろは勤め人も多い）。つまり、いなかにありながらの街なのである。

その起源は、中世期の三斎市《さんさいいち》にまでさかのぼることができる。近世初期に記された『高内原古記録』によると、八日市の街づくりは、慶長七（一六〇二）年、時の代官小堀新介が一戸あたり間口《まぐち》五間の地割り制を敷いたことにはじまる、と書かれている。吉備高原から中国山地にかけてはそうした例が点々とあるのだが、中世起源の市の多くは峠や尾根筋に開けている。当時はそれが適した立地というものであっただろうが、また、徒歩交通が中心の以後（近世・近代）の時代もそれでさほどの不都合はなかったであろうが、自動車がこれだけ発達した今日では、いかにも発展性の乏しい立地といわざるをえないところがある。

事実、私の子どものころまでは、八日市の街並みには活気があった。とくに、八の市日《いちび》には、方々から行商人や芸人が集まってにぎわってもいた。が、外郭にバイパスが通じた現在は、人通りも稀である。

それを大本さんたちは憂えて、せめて祭りの日にだけでも活気をとりもどそう、ともくろんでいるのである。殊勝なこと、といわなくてはならない。

いま、大本さんは、八日市根性に批判的な立場にある。が、大本さんの若いころは、自身がまわりからそう批判されていたこともある。あの人はキッポウ（好き嫌いの激しい偏屈者）だ、という噂話を私も耳にしたことがある。

それに、喧嘩早い、という評判もあった。

大本さんも、その変化を認めている。

「そういえば、このごろは喧嘩が恐くなったなあ。十年も以前《まえ》なら、八日市の祭りなんかで若い者《もん》がガタガタ不足をいうたらただじゃあすまさなんだし、都市《まち》からヤクザくずれが因縁つけてきても、なんぼのもんならっ、と受けてたっとった。宣ちゃんらは学校でおらなんだけえど、そのころは、たしかに僕も相当やっとるんで……。もう、いけん、恐うなった。人といいあうのが、ばからしゅうなった。これも、年齢《とし》なんかなあ……。

自分で考えてみたら、自分でいうのも変じゃけえど、娘や孫で苦労したからじゃろう。あれだけ苦労させせられりゃあ、人間もまるうなりますで」

大本さんは、四人の娘さんを養育した。

長女は、先妻の子。次女と三女が現在の奥さんの子、そして四人目は妹さんの子である。いささか複雑である。が、そのことについて、大本さんは、多くを語ろうとしない。ただ、苦労ではあった、女房にも苦労をかけた、というだけである。それだけに、その言葉に重みがある。

四人目の娘さんがやっと手を離れるころ、長女が結婚。その結婚も、けっして大本さんの意に沿うものではなかった。泣く泣くそれを許したのは長女の妊娠を知ったからだが、そこで生まれた子どもが、不幸にも先天的な心臓障害をもった虚弱児であった。大本さんに心労だけでなく、相応の経済的な負担がかかることになった。

そのことについては、大本さんは、私にも何度か嘆いたことがある。自身の負担を嘆いたのではない。乳飲み児が病院で身動きも許されないような不自由をしている、それを見るのが忍びない、と涙声で訴えたものである。

大本さんの性根《しょうね》は、その強面からは想像ができないほど、涙もろくてやさしいのである。

嫁不足のむら

先ごろ、大本さんは、町の結婚推進委員会（町長の諮問《しもん》機関）の委員に指名された。

まさに、適任である。

その話は、新倉敷駅から郷里に帰る車中で聞いた。

「宣ちゃんも、何とか知恵をだしてください。何しろ、美星町には結婚適齢期やそれを過ぎた男が、ざっと百五十人もおるんですで。二十六、七から四十（歳）過ぎまで……、それが嫁がもらえんで困っとる。宣ちゃんらの同級生でも、まだという人がおるからなあ。何とかせにゃあいけん、というので対策会議をするんですが、そう簡単に効果がでますもんか。

若い娘も少ないんじゃが、それでも町内には適齢期の娘は、結構おるんです。おるんじゃけえど、嫁に行くのは里（南の平場《ひらば》地帯）の方ばっかり。この前、矢掛町と合同で、情報交換会をしたんですが、美星町に来るという娘は零《ゼロ》で、矢掛町に行くという娘が二人。どうにも、ええ話にならんのです。

しまいには、台湾からでもフィリピンからでも呼ぼう、という話がでたり。皆生《かいけ》温泉（鳥取県）へ行ったら若い娘《こ》が九州から流れてきとって手を握ったが、ありゃあえかった、もうあのくらいの娘でも引っぱって連れてこにゃあ方法がねえぞ、と冗談とも本気ともわからんことをいう者《もん》もおる。かといっても、自分が手を握った娘を若い者に押しつけるわけにもいかんじゃろうし……。

それでも、冗談じゃあのうて、深刻なんです。僕らも、ノルマがあるわけじゃあないですが、委員である以上、何か対策を考えにゃあいけんし……、どんなもんでしょうか」

それは、いまや日本各地の農山村に共通する問題である。過疎化は、嫁不足を加速する、といってもよい。

むろん、右のように対策が簡単でないほどに問題の根は深いところにある。ただ、農業に魅力がないから、という原因だけでもあるまい。地方都市の商家における嫁不足も、また深刻なのである。女性の自立、核家族化、若者の軽労働志向など、原因はさまざまに複合してある。

私は、ひとつには、戦後（昭和二十年以降）に急速に進められた地域社会の構造の変化がとりあげられるべきだろう、と思っている。とくに、世代間の断層の構造には、大いに反省が求められなくてはならないのではないか。

平等社会とか新コミュニティという標語のもとに、かつての年齢階梯を重んじた制度が嫌われるようになった。世代ごとの交流組織は強化された。老人会、婦人会、青年団、子供会など。そして、それぞれの活動も、ずいぶんと活発にもなった。が、一方で、それが行政主導の会議体であったがためか、ひとつひとつの組織が独立して、異世代間の交流がむずかしくなった。

かつての地域社会の構造は、それとは違ったものだった。封建的な要素もあったが、ある面でより平ったいものであった。たとえば、地域の祭りや諸行事のときは、老年層は、あまり動かず客の愛想をするぐらいであったが、ことの次第を熟知しており、準備や儀式の手順に違いがあればすぐに指示をだして修正したものである。実際にことを仕切るのは壮年層で、青年たちは、その下で警備とか神輿かきとか体力を駆使しての労働に励んだ。また、婦人層は、表にはでなかったが賄《まかな》い方《がた》で多忙であった。そして、子どもたちは、じゃまもの扱いも受けたが、そのまわりではしゃいでいた。

つまり、老若が相互に連携して、むらの行事全体のなかで自分が何をすべきかを認識していた。次に年齢を重ねたとき、何をすべきかも予知していた。

言葉を換えていうと、そうしたなかで土地の風《ふう》が重んじられ、それがスムーズに伝承されていたのである。家に家風があるごとく、まちやむらにもところの風がある。それを知り、それを守ることが、地域社会の誇りにもなっていたのだ。

それが、近年の構造改革で、崩壊しつつある。もっとも、近年という言葉は曖昧である。かなり長い年月をかけて、という近年である。私の民俗学の師は宮本常一（一九〇七〜八一年）であるが、先生は昭和四十年代に、後に「村の崩壊」としてまとまる一連の文章を書いている。それは、戦後の混乱を通しての村落社会の変化をとりあげたものである。それから後、なお崩壊という変化が続いた。私がみてきたのは、昭和四十年代以降の経済の高度成長期における変化である。これは、より大きな「むらの崩壊」であった。

その結果、あらためて地域の活性化や自立をどうするかを問わなくてはならない、とは皮肉なことではある。

昔がよかった、というのではない。が、切りすてたもののなかに地域社会を維持するための不変の原理があったかもしれない、ということを考えてみる余地はありそうだ。そのひとつに、年齢階梯のなかでのむらの風の伝承があるのではなかろうか。

とくに、祭りや行事のしくみ（つまり、むらのしくみ）を考えるとき、宗教問題とすりかえてはならない。それは、一宗一派にかたよってのことではなく、神仏はたてまえとして掲げているにすぎないのである。本音は、むらの風の確認と伝承にあるのだ。

もし、それを否定するのなら、それより有効な別な機軸を提示しなくてはならない。それが、行政主導の会議体でないだろうことだけは、もはや明らかなのである。

以上は、私論である。

しかし、私は、かねがねその意を強くしているから、東京と郷里を往復しながらも神主業を続けられているのだ。といっても、さほどに強い意志でもないが。少なくとも私自身、神道論者ではない。むらの風を伝えるために、私の立場も必要、と自覚しているだけなのである。

大本さんたちが、もういちど祭りの活性化を図ろうとすることは尊い試みである、と私は評価する立場にある。

もっとも、それが嫁不足の解消につながる、とまでの確信はない。が、家なりむらの風が定まらないところに嫁ぐ女性は、いないのではないか。まして、これだけ女性の自立心や主張が強まった時代なのである。

三、四十年もかけて壊したり失ったりしてきたことだもの、また時間をかけて修復していかなくてはならないでしょうな。私は、そのとき大本さんに語ったものである。私は、この種の問題について、先見の明がないので性急に対策や結論をだすつもりはない。

するとと、大本さんは、ニヤリと笑っていうのである。

「宣ちゃんが人の裏を勘ぐったりせずにのんびりしとるのはええが、そういうことをあっちこっちで発言すりゃあするだけ、皆がいよいよのときは宣ちゃんが帰ってきてやってくれる、と期待するんですで。祭りだけじゃあのうて、もっと別な責任がかかってくるかもしれん。

これ以上に帰らんつもりなら、あんまり建設的な意見をいわん方がええかもしれませんなあ……。僕も、ときどき、神崎先生がどうのこうのという宣ちゃんをだしに使うような話を耳にして、個人的には、ああ宣ちゃんの身をまた縛ることになるなあ、と心配しとるんですで……」

その大本順介さんであるが、いまはもう亡い。ちょうど本書をまとめるにあたって原稿の手直しをしているとき、その訃報を耳にした。平成三年七月四日、アスファルト道路からかげろうがたつ暑い日であった。私は、にわかには信じられなかった。五月の連休に帰省したときは、例によってタクシーで新倉敷駅まで運んでくれたのである。そういえば、そのとき、夜半にせきこんで眠れない、といっていた。いまにして思うと、すでに肺ガンが進行していたのであろう。その直後に入院、二ヵ月足らずで他界。

私にとって、大本さんは頼りがいのある友人のひとりであった。藤井良介さんに神主の資格をとるよう強く勧めてくれたのも、大本さんであった。藤井さんは、大本さんの弟で広島県の山野（福山市）に養子に出ている。もちろん、私も子どものころから藤井さんをよく知っていた。私より五歳年長で、私に野球を教えてくれた人でもある。

宣ちゃんとも気心が知れているし、そのうち宣ちゃんの手伝いができるように良介に神主の資格だけでもとらそうか——と大本さんがいってくれたのは、数年前の、やはり新倉敷駅に向かうタクシーのなかでのことだった。そのころ、藤井さんは井笠鉄道（バス部門）に勤め、労組の役員であった。その勤務上の問題はあったが、私にとっては渡りに舟であった。

その結果、藤井さんは、二夏を費して神社庁の講習会を受講し、神主の資格を得た。平成二年には会社も退職し、いまでは私の家の担当神社の約半分の助勤に励んでくれているのである。もちろん、私は大助かりである。

大本さんに感謝して、冥福を祈りたい。

12　神崎姓が二十四軒

身内の祭りは夏

「いなか神主」にとって、夏は一年のうちでいちばん暇な時期である。

ふいの行事（地鎮祭とか祈禱）をのぞくと、八朔《はっさく》（本来は、陰暦八月一日に行なう田の実祝い）以外の公的な祭りがない。私の祖父は、その半生を専業神主として過ごして厳格な人だったが、夏になるとその表情が穏やかになり、私たちを相手に冗談口をたたくことも多かった。そのころ、私は子ども心にも、祖父のゆとりをみて夏の到来を実感したものである。

むろん、その状況は、現在もかわらない。したがって、夏場は私の帰省の回数も少なくなる。年によっては、いちども帰らない夏もある。ところが、平成元年の夏だけは、そうもいかなかった。たぶんこれからもそうなるのではないか、と予感させる変異があった。

例によって、地つき家つきの老母が、執拗に帰省を求めたのである。

「八月は、お盆は帰らんでもいいから、月末に帰りなさい。新本《しんぽん》の祭りがあるでしょう、あれに今年からあんたが行ってくれにゃあいけんのです。お父ちゃん（父のこと）が行っていけんことはないが、新本の方からあんたに来てもらいたい、というてきとるんで、もう代替りをせにゃあいけません。

ほかのことじゃあないんじゃから、ご先祖様のことなんじゃから、これは万難を排しなさい」

私としては、これまで以上に帰省の回数を増やしたくない、というのが本音である。そうでなくても、この数年来とみに帰省の回数が増えている。いちどだけ義理を果すつもりが、次の年から定例化することになりかねない。氏子の皆さんからすると、去年つごうがついたことなら今年もできるはず、と要請を正当化することになる。

私は、まことに優柔不断に中途半端な立場をとり続けているのであるが、東京の生活はいかんとも捨てがたい。希望がとおせるものならば、故郷は遠くにありて想っていたいものである。

だが、さすがにご先祖様をもちだされると、断りがたいものがある。私は、学会の理事会を欠席して帰省することにした。

詞《ことば》を間違え冷汗をかくの巻

総社市新本《しんぽん》。私の郷里から東南方に約二十五キロほど離れた平場《ひらば》にある農村である。私の家からそこに行くまで、山系からすると二山《ふたやま》ばかりを越えて下らなくてはならない。そこは、高梁川《たかはし》の支流に沿って開かれた水田地帯で、むろん私の郷里よりも数段地味がよい。家《え》並み（家屋敷の規模）も、そろってよい。

とくに、新本の一角に、耕地と屋敷の分割の景色がじつに均等で整然としたところがある。その景色からして、家歴、貧富の差は、ほとんど認められない。その小集落の字《あざ》名を高本、小竹という。

そこに、二十四戸の神崎姓がある。

私の家の分家筋の家々である。といっても、そこに分家をしたのは中世末の十六世紀半ばのころ。以来、血縁関係はほとんど絶えているのだが、祭りのときの往き来は途絶えることなく連綿と続いているのである。不思議な縁《えにし》といわなくてはならないが、そのあたりの歴史的経緯は、あとで述べることにする。

祭りの往き来は、一年交代である。今年新本から私の家の氏神の秋祭り（宇佐八幡神社例大祭）にあわせて祖霊祭に参ってくるならば、来年は私の家が新本の霊神祭

（株祭り）に参らなくてはならない。もちろん、私も、隔年の秋祭りに新本から二人（二戸）ずつが代参をしてくることは、子どものころからよく承知している。二十四戸分の御初穂《おはつお》（初穂料）が祖霊社に供えられるのに対して、私の家では二十四戸分の神札《おふだ》を用意する。また、新本の祭りに行くには、神札に神酒と手みやげがわりの御祝（祝儀）を用意して持参する。そのことも、祖父や父が隔年務めてきたことなので、私もよく承知している。

しかし、新本に出向くのは、私にとっては初めてのことであった。

初めての訪問先では、誰しもがそれなりに緊張をするだろう。まして、そのときの私は、本家の後継ぎとしてあらためて注目を集める立場にある。それに、私は、客ではあるが祭主でもある。祖父や父と比較しての祭祀技術も、そこで問われることになる。

ふつうの祭りに臨むのとは違う緊張感を、私自身が徐々に意識しはじめていた。えてしてこうしたときは、妙に単純な失敗をするものである。

まず、その年の当番（頭屋）の家に祭員（二十四戸の戸主）がそろったところで、座ならしをすることになる。座ならしというのは、その表字のごとく祭典の前段神事のことで、神々の降臨を待つべく祓《はら》いの詞《ことば》を唱えることである。小さな祭りでは省略することもあるが、ふつう、神籬《ひもろぎ》をつくりつけたり御幣《ごへい》を切ったりして神座の準備が整ったところで、祭員の集合を待たずに神主が独自ですませる例が多い。が、ここでは元屋《もとや》（私の家からすると本分家）の神崎忠雄さんの手ですでに神座が整えられていたのと、祭員も私の到着を待つかたちでほとんどの顔ぶれがそろっていたので、私は、すぐに装束に着替えて拝むことになった。

準備の手間が省けてありがたいことではあったが、それにしても、元屋の神崎さんは神主ではないはずなのに手際よく神座が整っている。昔々の社家の分家というだけで、神主の手を煩わせないだけの調度の技術が伝えられているのだ。そのことは、いたく私を感動させたが、同時に、これは手ごわいという緊張感をまたつのらせることにもなった。

座ならしは、ふつう、天津祝詞《あまつのりと》、大祓《おおばらい》の詞《ことば》、神宝《かんだから》の祝詞《のりと》を一巻ずつ奏する（唱える）。あるいは、もう一巻ずつ復唱する。それらは、仏教でいうお経のようなもので、むろん神主であればとっくに暗唱しているものである。だが、実際は、似たような字句が多いのでついついつなぎを間違えたり、あげくは堂々巡りをすることがときどきある。

案の定、そのたまにある失敗が、そのときおきた。

「掛巻《かけま》久母《くも》畏《かしこき》伎伊邪那岐大神《いざなぎのおおかみ》……」

神前に拝して天津祝詞を奏しはじめた私であるが、すぐさま背後にひどくあらたまった視線を感じることになった。元屋の神崎さん以下の面々が、正座をして私に追従しているのである。

「掛巻久母畏伎伊邪那岐大神……」

ひとりひとりの声はおさえ気味であるが、その二十四人の合唱が見事に調和して八畳間に共鳴する。それが、私の発声音より半呼吸ほど微妙にずれて私の耳に伝わってくる。

私とすれば、音あわせをしないままエコーのきいたバックコーラスの前で唄う新米歌手のようなもので、まことにやりにくい。かつての神事とはそうしたものであっただろうが、このごろ参列者が神主に声をあわせて唱和するような例はほとんどない。神主が拝んでいるうしろで、参列者が車座になって雑談したり酒をくみかわしたりしている、そういう例さえもある。が、神主とすれば、そのほうがやりやすい。

残暑が厳しい日であった。

烏帽子《えぼし》の縁や脇の下に汗がたまってきた。ふと、そのことに気をとられた。とたん、大祓の詞が途切れた。途切れたところで、あとを忘れてしまった。

参列者の合唱も、ぴたりと止《や》んでしまった。不気味なまでの静寂、庭の蟬までが鳴くのを止めているようだった。

私は、軽い目まいを覚えた。

実際は、一瞬のできごとである。私も、詞を途切ったあと、無意識のうちに適当な詞をつないでたて直しを図っていた。ただ、結果として二節ばかりとんでおり、文脈がつながらないことになっただけだ。

背後でも、遠慮がちに合唱が再開された。

汗が背中一面にわいてくる。

障子は開け放たれているのに、一涼の風も入ってこない真夏日であった。

藪蚊とたたかう墓前祭

座ならしが終ると、墓前祭に移る。

墓地に赴いて、祖霊を拝むわけである。

墓まではさほどの距離ではないが、二十五人の行列はしだいにばらけていった。私の隣には、元屋の神崎さんが歩調をあわせてついてくれており、扇子でさかんに風を送ってくれる。

「御本家はお客さんでだけ来てもらうのがよろしいんですが、神主役までかぶせてしもうて、まことに相すまんことです。まあ、これも昔からの習慣ですけぇ、今後ともどうかよろしゅう頼みます」

と、元屋の神崎忠雄さんが丁寧に小腰をかがめてくれるのが、最前の失敗があるだけに何とも面はゆい。

「そうですなあ、ようこれだけ長う続いておりますなあ。ことのおこりは、ご存知のとおり昔々のことでしょう。もう五百年近くも前になるんですか……。

このあたりは、ちょうど岡田藩の北の端で、松山藩（現在の高梁市が中心）との境になります。どうも、境界がごちゃごちゃしとったらしいですなあ。それで、岡田の殿様が親交があった黒忠（私の郷里）の方の豪傑を呼んできて山奉行に命じて、松山藩にさしくられんようにここへ陣屋をつくらせた。その豪傑が、お宅から拙宅《うち》に分かれた神崎利政で、やがてあっちこっちから子方を呼んで開作して、みんなに田畑を均等に分け、神崎姓も同じように分けたんですらあなあ。私らは、そう聞いています。

それですから、なかには縁組も進んだでしょうが、なかには血のつながりがない者もおるわけでして……。それが、こうまで結束してやってきたのは、やっぱり利政という人が偉かったからですし、ご本家も続いとるからでしょうねえ。

この新本の神崎二十四軒も、高本と小竹とに組が分かれていて、八幡様（氏神）も檀那寺も二通りに分かれていますんで、一堂に集まるのはこのご開祖の祭りだけです。これだけ続きますと、これだけは大事に伝えようと皆が思うわけでして……」

神崎忠雄さんが語る右の由来については、私も祖父や母から折につけ聞いていたことである。

何分にも時代が古い。

中世末のこのあたりといえば、少なくとも近世幕藩体制下ほどに領内の諸制度が整ってはいなかったはずである。岡田藩の存在は明らかであるが、近世になると早々に天領に吸収されるほどの小藩であり、はたして武士と呼ばれるほどの者がどれぐらいいたかも疑わしい。そこに、ある種の才覚と統率力のある者がいれば、境界の荒地の開作役人（神崎さんがいうところの山奉行）にとりたてられることも十分ありえたのであろう。

のちの天明五（一七八五）年に神崎出雲守《いずものかみ》（私の六代先代）が「新本村神崎氏一家中」に書き送った『備《び》之中《のちゅう》陽《よう》河上郡《かわかみぐん》黒忠村《くろただむら》豊《ぶ》山《さん》八幡宮《はちまんぐう》幷《ならびに》神主之《かんぬしの》記《き》』（神崎忠雄氏所蔵）によると、以下のようにある。

一、豊山八幡宮者御官領奥尾之御城主竹井市郎右衛門尉光高公大永二年中御建立也　其時代神主神崎宮太夫家政黒忠村星田村青野村三沢村四ケ幣本之神職相勤ニ依之光高公御領内社職ヨリ崇敬有之家政弟利政下道郡新本村居住ス

（豊山八幡宮は、大永二＝一五二二年に城主竹井氏によって建立。その時より神崎宮太夫は、黒忠村、星田村、青野村、三沢村の四村の神職となる。その当主家政の弟利政は新本村に移住した）

これでみるかぎり、神主の株分けのようでもあるが、実際には新本の神崎一党は開作に励み、近世以降は本百姓集団としてむらを維持したのである。

開祖神崎利政の墓は、小高い墓地のいちばん奥まったところに立っている。身の丈ほどの自然石、中央部分が平らに削られ「神崎　橘《たちばなの》利政墓」と彫られている。これは、のちに建てられた慰霊碑というべきもので、本墓は、五輪石であった、という。

墓前に注連縄《しめなわ》が張られている。

慰霊碑に神体幣《しんたいべい》と神札を立てかけ、祭典をはじめる。修祓《しゅうばつ》（祓いの儀）、祝詞奏《のりとそう》上《じょう》、玉串奉奠《たまぐしほうてん》と型どおりに進めればよい。

が、ここでも、ちょっと戸惑うことがあった。父が用意してくれた祝詞が違っていたのだ。それは、新本から私の家の祖霊社に参拝があったときに奏する祝詞だったのである。大意は違わないものの、主語と補語にかなりの違いがある。

それでも、祝詞を奏するのは神主の一人芸であるから（誰ものぞいて見る人はいないのだから）、ここは、いうなれば弁慶の勧進帳を演じるしかないのだ。本来、祝詞の紙、あるいは文字にはさほどに深い意味はない。大がかりな祭典で粗相がないようあらかじめ作文をしておき、それを読みあげるだけのことである。もとより、そのときそのところの状況によって祝詞の文句は変化すべきで（たとえば、神饌が五品しかないのにそれ以上とりあげることはない）、本来神主には即座即詠の術が求められるのである。「口祝詞《くちのりと》ができて一人前」とは、私の祖父がよくいっていた言葉であった。とはいっても、開いた祝詞文が違っていれば、やはり、尋常ではおれないものである。私は、また余分の汗をかかなくてはならなかった。

そこは、山際である。

藪蚊《やぶか》が飛んでいる。そのうちの一匹が、私の首筋にとまった。また一匹が、袴《はかま》の裾から入ってふくらはぎにとまった。しかし、祝詞を奏している私には、それをおいはらうことができない。

神主とは、ときに思わぬ苦行を強いられる。この祭典は、時間にして約三十分。その間に、私は、十ヵ所以上も蚊にくわれたのである。いまいましいのは、頬にとまった蚊で、当分消えない特大の斑点を残してくれた。

祖父や父は、いかにしてこの苦行に耐えてきたのか、と思ったものだ。

よみがえる中世の血縁

直会《なおらい》の席は、くだけたものだった。

「以前は、賄いに手間がかかったもので、組内の女衆《おなごしゅう》が何人か交互に賄い方にでたものですが、このごろはこうしてパック（仕出し）をとってすますようになり、簡単になりましたなあ。

お帰りは、若い者に自動車で送らせますんで、どうかゆっくり飲んでいってください」

元屋の神崎さんが、そこでもつきっきりで私にあれこれ声をかけてくれる。

「おかげさまで、二十四軒は増えもしなきゃあ減りもせんのです。もっとも、このごろは、都会にでて独立している若い人もいますが、それを別にすれば、新本の神崎株はずっと二十四軒です。

暮しむきは、まあそれぞれですが、そうですなあ、はたからみると揃っとるでしょうかなあ。ええ、代々ようできたもんで、二十四軒のうちには議員になるのが一人はいるし、医者になるのも教員になるのも一人ぐらいはいるし、まあ他処《よそ》に頼らんでもだいたい身内で暮しが成りたったんです、これまでのところは……。

原始共産制というんですか。神崎利政が一族郎党をまとめたときに仕組んだんでしょうが、そうですか、全国でもめずらしいことなんですか。

いや、ご本家の後継ぎのあなたがそうおっしゃるのなら、私らは心強いかぎりです。私らも、かねがねあなたに神崎一党の歴史を調べてもらおう、というとったのですから。私の家にある文書は、いつでもお見せしますよ」

神崎利政という人は、よほど利にさとい人であったらしい。というか、兄の家政なる者が、よほどお人よしだったというべきか。わが家の系図をはじめとする古文書類の大半は、新本の元屋に所蔵されているのである。といっても、中世末の文書は少ない。近世前期の文書も混っているところをみると、ある時期疲弊したわが家（右の『神主之記』によると、寛文年間に後継ぎがいなくなり隣村から社家筋の弟子を入れた、とある）を誰かがみかねて重要書類を分家に移した、とみるべきかもしれない。

そのあたりのいきさつは、本・分家双方の文書を重ねて、きちんと分析してみないことには明らかにならない。その役には、たしかに私がふさわしいのかもしれないが、その後まだ何ら手をかけていないのは、ただ私の怠惰のせいである。

やがて、次々に席をたち、私のところに酒の酌にやってきた。年のころは、私より若い三十七、八歳。中学校の教師をしているという神崎某が、私の盃のお流れがほしい、といって私の前にかしこまった。

「この前だされた盛り場の本（拙著『盛り場のフォークロア』）、あれは、よかったですなあ。

かねがねあなたのお噂は耳にしておりましたし、あなたの本がでると買うて読んでいたんですが、こうして口をきいて盃をかわすと、いっぺんに気分が熱うなります。ああ、まんざら赤の他人じゃあないんじゃ、と無条件に思えてくるから不思議ですなあ。こういう気もちになるとは、いまのいままで思わなんだんですが……」

私にしても、タイムスリップしたとしか思えない気分の一日であった。

銘々が名のってくる。が、皆が神崎姓であるから、耳に妙な余韻が残る。神崎、神崎、神崎、また神崎。これは、中世の血縁世界なのである。

13　直会膳の移りかわり

酒飲みの理屈

残暑の厳しい夏の朝であった。

前庭の玉砂利に乗りあげた自動車が、バチバチチッと砂利をはねて止まった。ボディに「割烹喜楽」という文字がみえる。

河上毅さんが、大柄な体をかがめて運転席から降りてきた。私の顔を見て、バツの悪そうな笑みを送ってきた。

「すみませんなあ、届けるのが遅いのに、引きとるのが早うて……」

前夜は、わが家で小規模な客寄せをした。郷里では、自治省指定のリーディングプロジェクトを中心とした「地域おこし」（町づくり）が活発になっている。そのことは、これまでにも二、三度ふれてきたが、平成四年度には研修と観光に対応できる歴史公園「中世夢が原」（中世をテーマとした野外施設）と天体観測の施設が完成することになった。その基本計画の策定委員会の座長を私がした関係で、私が帰省中は、ことにその方面での来客が多い。

とくに、役場の若手スタッフに熱心なのが数人いて、彼らが私の家に来ると、話がはずんで深夜まで及ぶことも時どきにある。そこで、夕方の彼らの訪問に際しては、酒とありあわせの肴を用意するのが私の家でも習慣化してきた。というか、その真意は、私自身が彼らと飲みたいからに他ならない。私は、日が暮れてからのち素面《しらふ》で長々と議論をするつもりがなく、その意味では、アル中気味といわれてもしかたのないところがある。

ちなみに、私の父や祖父は、さほどの酒飲みではない。弟にいたっては、コップ一杯のビールが干せないのである。ところが、私は、酒が好きである。さして量は飲めないが、酒をすすめられて辞することはない。そんなことは自慢にならない、と口うるさいのが母である。

それでも、以前なら母が手際よく賄いをしてくれていた。が、老いたのであろうか、母は、最近とみに台所仕事を煩わしがりだした。それで、数人分の肴や弁当でさえも「喜楽」に仕出しを頼むことになったのである。

ところが、前夜は、約束の時間を一時間過ぎても料理が届かなかった。私も、あらかじめ三種類ほどのオードブルを用意はしていたが、それではとても若い人たちの口を満たすことはできない。そこで、私は、催促の電話をいれた。

私がそれまでに直接電話をいれたことがなかったので、河上さんは、いたく恐縮したらしい。それで、先のバツの悪そうな笑みと挨拶と相なったのである。

毅《つう》ちゃんもたいへんじゃねえ、商売が手広くなったから……と、私はねぎらった。

毅ちゃん、と私が呼ぶのは、彼の子どものころをよく知っているからである。といっても、毅ちゃんは私よりは四つも年長で、一緒に遊んだ記憶はない。ただ、私が小学校の五、六年生のころ、中学校へ野球の練習や試合をよく見に行った。そのころ中学校の野球部が活発だったのは、山名先生という熱心な指導者があったからで、私たちは小学生であっても、中学にあがったら山名先生のもとで野球をするんだ、という夢を抱いていたものだ（が、無情にも、私たちが中学校に入学する直前に山名先生は別の中学校に転勤された）。

毅ちゃんは、そのころキャッチャーであった。たしか、山名先生からいちばんしごかれていたのではなかったか。それが私たちには、うらやましくもあった。

仕出し料理が全盛

その毅《つう》ちゃんが、中学校を卒業すると板前修業にでた。

井原（井原市）の割烹料理屋に住みこんで五年、そのあと八日市（美星町黒忠）に帰ってきて、両親と一緒に小さな食堂を営業。が、なにぶんにもいなかのことだから、外食の習慣は薄く、商売は青息吐息の状態であった、という。

ただ、私は、高校、大学と郷里を離れていたので、そのころのことをよく知らない。よく知ってからの毅ちゃんは、仕出し料理を専門とする有限会社「喜楽」の経営者であった。現在は、板前を二人、パートを数人抱え、土地では有数の高額所得者となっている。

「ありゃあ、昭和三十七、八年のことじゃったなあ、仕出し料理をつくりだしたのは。

宣ちゃんも知ってのとおり、あのころのいなかは、まぜごと（客寄せ）があるときには魚屋を頼んで魚をおろしてもらい、あとは自分のところで料理をしとったでしょう。いっぺんに仕出しが流行《はや》る、というわけにはいかなんだ。それと、食堂をやりながら仕出しの料理もしだしたんで、どの席の仕出しがはじめかはよう覚えとらんのじゃが、はじめのころは町会議員とか消防団とかの羽振りのええ人たちにかわいがってもろうて、その人らの集まりのときに酒の肴になるような料理をつくって折詰にして持っていった。その折詰が五十円という時代、そのあたりがはじまりですなあ」

昭和三十年代の終わりころ、日本経済は高度成長期を迎える。草葺《ぶ》きの民家が瓦葺きのモダンな住宅に建てかわり、燃料の薪《まき》がガスに切りかわり、手動の農具が機械化されだした。とくに、そのころの農村の変貌には目をみはるものがあった。一口でいうと、便利になりぜいたくになったのである。都市と農村の生活の格差も、ずいぶんと縮まった。

農村部の行事の馳走《ちそう》が仕出し料理にかわってゆくのも、そうした背景に関連してのことであった。毅ちゃんが話すように、実際は十年もそれ以上もかけてのゆるやかな変化であったが、歴史のスパンからすれば、それは生活革命とでもいうべき急変であった。

私が神主を務めだしたのは、昭和四十六年の秋からであった。そのころは、祭りの当番（頭屋）の家での宴席は、ほとんどが仕出し料理に頼るようになっていた。とくに、氏神の例大祭（秋祭り）と、産土荒神《うぶすなこうじん》の式年祭（一般には七年ごと）の当番の賄いが、いちはやく仕出し料理をとるようになった。

たぶん、昭和四十年過ぎの、ほとんど二、三年のあいだでそうなったのではなかろうか。

それまでの仕出し料理は、平膳に並べられていたものである。たとえば、以下のような料理が当番の馳走であった。

刺身・酢のもの（一般的にはタコなます）・焼魚・煮もの（サトイモ、ニンジン、シイタケ、高野豆腐などの炊きあわせ）・茶碗蒸し・吸いもの。それに、二の膳にタイの浜焼きや鮨《すし》がつくことがあった。

それらは、いわゆる会席膳で、酒の肴というものであった。あるいは、神事を重視すれば、神人共食の直会《なおらい》膳としてもよい。したがって、箸をつけたあとは、残りの料理を折箱に詰めて家族にみやげ（おすそ分け）として持ち帰るべきものなのである。

昭和四十年代であれば、その折箱は折《へぎ》製であった。それが、昭和五十年代になるとプラスティック製となった。

それは、結婚披露や大がかりな法要などの宴席の料理に共通するものである。

なお、こうしたときの食事は、別にその家で用意するもので、ご飯と味噌汁、それに煮しめや漬ものなどが一般的である。この習慣は、会席膳を酒肴とすれば当然のことで、現在も伝えられているが、最近たまに、鮨のついた二の膳をもって食事とする例（つまり、別に食事を用意しない例）もでてきて参列者が驚いて顔を見合わせたことがある。やがて、それが通例化するのかもしれない。

それでも、大きな祭りの当番以外の家では、まだしばらくは旧来の手づくりの料理が祭りの馳走として残っていた。

たとえば、秋の祭りであると、松茸飯《まつたけめし》や姿鮓《すがたずし》などが昭和五十年代まではよくつくられていた。松茸飯は、マツタケを炊きこんだもの。姿鮓は、コノシロとかツナシ（コノシロの幼魚）を背割りして酢に漬け、そこにすし飯を詰めたもので、一種の熟鮓《なれずし》である。それに、タコの刺身、サツマイモの天ぷら、煮しめなどが各家庭でつくられていた。

もちろん、私にもたしかな記憶がある。祭りの次の日に、子どもたちはそうした馳走を弁当箱に詰めて登校したからである（当時、私の郷里の小学校ではまだ給食が毎日はなかった）。祭りの次の日の弁当は、楽しいものだった。

それが、いつの間にか、当番の家以外の馳走も仕出し料理に頼るようになった。私の体験からいうと、それまで手づくりの料理で賄っていた株神（同系同姓が祀る祖霊神）の祭りや家祈禱《やぎとう》（宅神祭＝一軒ごとの祭り）などの小祭りでも、ことごとく仕出し料理をとるようになった。

そればかりか、神社の総代会、組の常会、老人会や婦人会などの集会でも仕出し料理がまかりとおる時代となった。

と同時に、膳の形式もかわってきた。

大がかりな宴席では、平膳にかわって足付きの膳が備えられ、それにともなって料理の品数も増すことになった。たとえば、固形燃料を使った鍋ものや鶏の手羽焼などが追加されるようになった。

一方で、パックと称するセット料理がでまわるようになった。プラスティックの容器を仕切ったもので大小いろいろあるが、略式の小宴会にはすさまじい勢いで普及していった。これだと、残った料理を折箱に詰める手間が省けるだけ便利でもあった。

さて、わが親愛なる毅ちゃんは、わずか二十数年ほどの間に、農村社会における仕出し料理の起源と変遷を自らが演出してきたのである。

「いまのことでいうと、四、五百円の巻きずしのパックから五千円の本膳まですからなあ。最小で二人前から最大で五百人前まで。時どきの流行があるから、膳や器をよう買いかえました。もう平膳なんかは流行《はや》らんから、ちゃんとした輪島塗なんじゃけえど、物置にしもうたままです。

おかげさまで、仕事は順調に伸びてきたんじゃけえど、競争相手も多いですからなあ、料理も器も年々工夫していかにゃあいけん。ちょっとでも手を抜いたら、お客さんはすぐに他店《よそ》に移ってしまうんで、はたでみられるほどラクじゃあないんですらあ」

現在、美星町には、毅ちゃんが経営する「喜楽」のほかに三つの料理店があり、いずれも仕出し料理を売りものにしている。私の郷里で、この二十年来、もっとも急成長した職業は、仕出し料理店である、といってもよかろう。美星町の人口は、七千人を割って久しい。戸数にすると約一千七百戸、いわば過疎地である。しかるに、仕出し料理店が約四百戸に一店の割合で存在するのである。

他町村と比べてみると、この密度はかなり高い（近隣町村は、五、六百戸に一店の割合になるだろう）。これは、どうしたことだろうか。

二里の距離と馳走の違い

毅《つう》ちゃんは、美星町内だけでなく、芳井町や川上町にも得意先をもっている。八日市が美星町の西端に位置し、芳井町に隣接、川上町にもすぐ近いところであるから、当然といえば当然のことである。

毅ちゃんも、さすがに客のことはいいにくいらしい。

「いやあ、芳井町、川上町じゃからいうて、特別に料理がかわるわけじゃあないなあ。注文をされるのは、あくまでもお客さん個人個人の都合じゃからなあ。簡単なパックもあれば、二の膳、三の膳までついた豪華な会席膳もある。

それでも、どちらかというと、美星町の方が派手かなあ。たとえば、お宅でもそうじゃけえど、都会へ出られている家族や親族が盆とか暮に帰られたときとか、ちょっとした寄りあいがあるときとか、そんなときでもオードブル形式の料理なんか注文してくださるでしょう。ああいうことが、芳井町や川上町方面にはまだ少ないわなあ」

これも、地理的な問題としかいいようのないところがある。

私の郷里も、高原上のむらである（行政区分では美星町とはいっても、実態はむらというのがふさわしい）。が、芳井町（もっとも、その一部分）や川上町よりは南に位置しており、瀬戸内の漁村部に近い。いうまでもなく、こうしたときの料理とは、魚を主材料とするのである。魚が得やすいところにその種の料理が発達するのは、これまた当然のことではないか。

いまでこそ自動車交通が発達しており、その差違があまり感じられなくなっている。が、かつて天秤棒《てんびんぼう》で担って海産物を運んでいた時代を考えれば、その地理的な条件は、生活習俗のうえでかなり大きな違いを生むことに気づくだろう。

もともと、八日市における商業活動は、半分はそれよりさらに北の山村を相手にしていたのである。塩も魚も、八日市を中継地として芳井町や川上町の村むらに送られていた。

そのことを、私は、いまから十数年前に何人かから聞き確かめたことがあった。十数年前だと、実際にそうして海産物を運搬したり行商したりした体験をもつ老人たちが健在だったのである。

そのとき、ある老人が語ってくれたものである。

「金浦（笠岡市）のあたりで魚を仕入れてここまで帰ってくると、荷《にの》を担うて歩くと六、七時間はかかる。自転車になっても、三時間近くかかったから。

そうすると、一《ひと》塩ものならいいが生《なま》だといたんでくる。とくに、夏場はいけなんだ。タコだと皮がめくれてくる。それを塩をまぶしてしごいて、皮をとる。中の白い身だけを持って、七地《ななち》から高山《こうやま》（川上町）の方まで売りに行ったこともある。儂《わし》らは、自転車を使うようになったからそこまではせなんだが、年寄り連中は、奥の人たちはタコのいぼを知らん、といっていた」

これは、けっして差別視してそういうのではない。ところによって、文化の相が違うという話なのである。

私は、神主として川上町内に行くことはないが、芳井町では花滝《はなだき》（大字名）がわが家の代々の担当地区であるから、一年に何回かは足を運ぶことになる。私の家から、そこへは二里（約八キロ）ばかりである。

もちろん、氏神や産土荒神などの祭りでは、このごろいずこも同じ仕出し料理が並ぶ。ことに最近は、三の膳をつけたり引きでものをつけたり、ますます華美にはしる傾向がある。それは、美星町でも芳井町でも同じ風潮のように思える。が、家祈禱《やぎとう》になると、客寄せはほとんどしないので、いまでも仕出し料理に頼らない例がまだみられる。とくに、花滝あたりの家々で、それが顕著である。

たとえば、柿色の半田塗（徳島県）の時代ものの平膳に、塩ブリの刺身・塩ブリの照り焼き・昆布じめ・サトイモのとりつけ（煮た芋に小豆あんをまぶしたもの）などの家庭料理が並ぶ。

毅ちゃんがいうところの、美星町ほどに派手でない、そういう土地の風《ふう》がまだ家祈禱に行くとみられるのである。

新しい郷土料理の芽ばえ

私は、神主として祭りに出かけて行って、そこで右のような手づくりの料理にでくわすと、ほっとした気もちになる。

私の父も、同じだという。

実際に、祭りが重なり連日のように仕出し料理を目の前にすると、箸が進まなくなるものである。家に持ち帰っても、結局は冷蔵庫に溜ることになる。なるほど、馳走《ちそう》とはたまに食べてこそおいしいものか、と妙に実感を強くする。

もちろん、ぜいたくな悩みには相違ない。もてなしてくださる人に対しては、不平がいえる筋あいはない。が、神主業の実態は、馳走はもうたくさん、なのだ。

とくに、仕出し料理とは、おそろしく画一的なのである。料理屋によって多少の違いがあるが、それは、つきつめると刺身の切り方が厚いか薄いかほどの違いである。料理の品目も味つけも、大同小異である。少なくとも、私の郷里の四店の仕出し料理についてはそういうことがいえる。

毅《つう》ちゃんは毅ちゃんで、そのことについて別な悩みをもっている。

「宣ちゃんらは、祭りの時期になりゃあ毎日のことじゃけえ同じ料理じゃあ気の毒じゃ、と思う。何とか野菜料理でも工夫してつけてあげたら、とも思うけえど、そうもできんのがむずかしいところなんじゃ。

ふつうの人は、まず品数に目を向けてでしょう。それに、見栄えがようないといけんでしょう。煮ものがむずかしいのは、時間がたつとだれてしまうからで、どうしても焼きものを使うようになるんですが。

それから、これだけ仕出し料理がでまわってくると、皆さん知らず知らずのうちに他店《よそ》と見比べてじゃなあ。そうすると、まず同じ料理、同じ品数が最低並んどらんといけんでしょう。あっちはあれがあったのに、こっちにはない、と思われたら、なんぼう別の料理を工夫してのせておいてもいけなあなあ。人間は、いうたら生意気でしょうが、マイナスには敏感でも、プラスには案外に鈍いもんじゃろうからなあ。

それでも、ぼくらなりに、何とかマイナスのイメージをもたれんように、その上に何かをプラスしたい、と努力はしとるつもりなんです。昨日も、アナゴの鮨《すし》を笹に巻いて中央に置いとったでしょう。何か強い緑がほしい、と思うてやってみたんじゃけえど、どうでしたか」

毅ちゃんの努力は、私も認めるところである。画一的といったのは、あくまでもそれを連日食する立場でのぜいたくなのである。

一般的にみると、「喜楽」だけにかぎらず、私の郷里の仕出し料理は、質的に（値段の割に）高い水準にある。それは、これだけ狭い市場に四店もがある、その競争原理が働いての相乗効果というべきであろう。私の身辺でいっても、二十年来の東京方面からの知人友人の来訪者が合計すればもう百人を超えることになろうが、ほとんどの人が口々に、仕出し料理の見事さをほめるのである。

仕出し料理は、私の郷里の新しい名物になりつつある。そうなってほしい、と、私も願っている。だからこそ、ときに私は、毅ちゃんにも注文がつけたくなるのである。

器を引きとりに来た毅ちゃんとも、ついつい話しこむことになる。例によって、老母があいだに口をはさむ。男のくせをして他人《ひと》さまの家の料理がどうのこうのといってはいけません、と口やかましいのだ。支払いを母に任せているので、私も、ここはひとまず引きさがることにするのがよかろう。

「宣ちゃん、お互いに秋がくると、また忙しゅうなるなあ。まあ、ごくろうですが、たびたびに帰ってきてくださいよ」

毅ちゃんは、そういって、自動車のエンジンをかけた。

14　神と仏の「ニッポン教」

お寺の奥さんは江戸っ子

「お久しぶりですなあ、おかわりありませんか」

「この前は、お世話になりました。おかげさまで、ええ祭りができましたあ」

というように親しげな声がかけられ、深々とおじぎをされる。

あわてて、私も返礼する。

スーパーマーケットの内部《なか》は、冷房がきいていた。整然と商品が並べられている。品数が豊富なのにあらためて驚くほどであるが、農村のマーケットであるから、さすがに野菜の分量が少ない。

私の郷里には、それらしきスーパーマーケットはひとつしかない。農協系のAコープで、町の中央部の役場の近くにある。

したがって、そこは過疎のむらにありながら、日々のにぎわいがある。が、私がそこに足を運ぶことはめったにない。

ひとり私の郷里にかぎったことでもあるまいが、いなかは挨拶にうるさいところである。

かつて、幕末・明治のころ日本を訪れた西洋人で優れた紀行文を著わしている人がいるが（たとえば、イサベラ・バードとかエドワード・モースのように）、そのなかで異口同音に日本人の挨拶の丁寧さや長さについてふれている。そこで指摘されているように、とくに、おじぎを何度もかわす作法は世界でも特異なことなのである。さすがに、このごろ都会では長い時間をかけての古風な挨拶は影がすたれてきたが、いなかにはその習慣がまだ根強く伝わっている。そして、挨拶を簡単にすますと、とかく陰口がたたかれることにもなる。

それは、私などには、ときに煩わしいことでもある。ことに最近、私の顔は結構売れている。祭りに行けば、神主であるから上座に座ることになり目だつ。また、町づくりプロジェクト（前述のリーディングプロジェクト）の座長を務めたので、地方紙や町の広報誌でも何度か紹介されたりした。それで、私に挨拶をしてくれる人が多くなった。

ところが、私は、ときに相手が誰だかわからないことがある。まことに失礼なことではあるが、祭りの神楽場で遠目にみかけたぐらいでは顔と名前が一致しないこともあるのだ。返礼の口上をどうしたものか困るときもある。それで、平服のときは、ついつい不特定の人に会いそうなところへは出不精になりがちにもなるのである。

そのとき、たまたまAコープに立寄る気になったのは、農協でつくる焼豚が東京の仲間内にことのほか好評であり、購入を依頼されていたからである。

ちなみに、私の郷里は、豚の飼育頭数が人口（約七千人）の倍もあるほどに養豚の盛んなところである。そして、近年、焼豚やベーコンなどの加工品を農協が開発して売りだしている。いまのところ、肉質を厳選して限定生産しているせいで、値段はそれなりに高いのに好評なのである。

それをある量まとめて求めようとすれば、Aコープまで足を運ばなくてはならない。

「あら、こんにちは。こんなところで会うなんて……、どうなさったのですか……。食料品売り場なんかにはご縁のない方だと思っていましたから、びっくりしましたよ」

場違いなほどに、さっぱりと歯切れのよい声である。

長泉寺の奥さん、飯田吉子さんであった。

丸顔で、目がやさしい。私より一まわりほどの歳上であろうか、こうして間近で見ると、すでに目尻が皺ばみ、髪には霜が降っている。が、その表情や声は、くったくがなく明るい。

じつは、飯田さんは、東京の生まれである。つまり、チャキチャキの江戸っ子であった。だからというわけでもないが、その下町っ子の面影がまだ残っているように思える。

オートバイに乗って来た、という彼女に、お若いですね、と軽薄な言葉を向けたら、真顔でむきになった返事がかえってくるのであった。

「からかわないでくださいよ。自分でも、すっかりいなかのおばあさんにおさまった、と思っているんですから……。こうして、化粧もせずバイクにまたがって買いものに来るようになったんですもの。ええ、おかげさまで、このごろは畑仕事だってお手のものですよ。

だって、お上人《しょうにん》(ご主人のこと)は、あのとおり体の弱い人でしょ。おつとめだけはしてもらわなきゃあならないけど、あとは私が切りもりするしかありませんよ。このとおり、たくましくも、やぼったくもなりますよ。

そうですよ、自分でも不思議なぐらい。ここに来たばっかりのころは、言葉にも習慣にもなれなくて、気おくれがして買いものにも出られなかったんですもの……。でも、あれからン十年、我ながらよく居ついたもんだ、と思いますよ。あら、やだ。こんなところで身の上話をしていちゃあ。いつまでいらっしゃるんですか、お暇をみて話しにいらっしゃってください。お上人も、いますから……。じゃ、お先にごめんなさい」

それまで声をかけそこねていた売り場の川上君が、毎度おひきたていただいてありがとうございます、と、いかにもホッとした表情で近づいてきた。

郷に入れば郷にしたがう法

長泉寺は、八日市（美星町黒忠）のはずれにある日蓮宗の寺である。八日市はこれまでもたびたびふれたように、中世の三斎市《さんさいいち》を起源とする農村にあっての街区である。尾根筋に約百戸の町並みがあり、近年はさびれる傾向にあるとはいえ、約半数の家が何らかの商業活動を続けている。

その八日市のはずれ、といっても、そこは芳井町なのである。つまり、尾根筋は分水嶺となっており、郡境・町境なのだ。長泉寺のある集落名は、鳴谷《なるだに》というが、そこに住む人びとは、日常的な買いものはもっぱら八日市ですませており、幼稚園や小学校の子どもたちも美星町に越境して通っている。

八日市と鳴谷は、私の家からも近い。徒歩で十数分から二十分の距離である。が、子どものころの私たちにとって、鳴谷は他処《よそ》であった。八日市までは内処《うち》であったが、尾根筋からちょっと向こうに下ったそこは、子ども心の他国であったのだ。子どもたちの喧嘩も、分水嶺を境にして対立するのが習慣化していた。

そんなとき、崖っぷちに建つ長泉寺は、まるで敵地の要塞のようであった。子どもたちは、長泉寺の表手と脇手に陣どって戦い、境内を占拠した方が勝ちという暗黙の諒解もなりたっていた。

そのころ(昭和三十年ごろ)、長泉寺の住職の飯田幸成さんは、三十(歳)過ぎの若さであった。小柄で痩身、顔色が青く、いまから思うと病みあがりの文学青年の趣きがあった。声色も繊細で、いかにもやさしかった。境内での子どもたちの腕白ぶりを見かねても、もうやめといてや、と静かに一言声をかけるだけであった。私たちは、三々五々に散りながら、もうやめといてや、とその口ぶりをよく真似たものだ。

飯田さんは、神戸の生まれである。

東京の立正大学を卒業して、日蓮宗五山のひとつである京都の妙顯寺《みょうけんじ》で修行。昭和二十一年の四月に長泉寺に赴任してきた。

以下は、のちに飯田さん自身が語ってくれたその経緯である。

「この土地は、私には、それまで何の縁故もないところでした。それが、妙顯寺での私の師匠が川相日辰《にっしん》という方でしてね、この師匠がここの芳井町川相の出身だったんです。その師匠に、あるとき、自分の故郷の寺が不自由しているので手伝いにいってやってくれ、といわれましてね、それでここに来ることになったんです。こんな山の中とは、つゆ知らずにね……。ええ、バスも通じていなかったですよ。井原（井原市）から、谷沿いにテクテク歩いて登ってきました。

そのころ、長泉寺には盲目の老僧がひとりだけでおりましてね、その方は間もなく亡くなりましたんで、そのまま後任住職として居つくことになったんです。僧侶になろうとしたときから、どの土地のどんな寺に住むようになるか、それはそのときのこと、とこだわらない覚悟はしてたんですが、それでもやっぱり人生とは不思議なもんですねえ。でも、私は、生まれが神戸だから、ここは感覚的に近いといえばそうもいえるんですが……。

その点、家内は、まるで異国に来たようなものだったでしょうから、気の毒といえば気の毒だった……、でしょう。いえ、結婚したのは、私がこちらに来て一年たってからの昭和二十二年十二月のことでした。なれそめは、私が大学生、彼女はその下宿先の娘、というよくあるお話です」

「ここに住んでいちばん驚いたことは、組内のつきあいが多いことでした。やれ道づくり、やれ柴《しば》刈り、やれお祭り、と、まあ組内のおつとめの多いこと。ええ、ええ、お寺も組の一員ですからね、不義理をするわけにはゆきません。とくに、鳴谷組は九軒だけですからね、私どものようなひ弱な者でも一役は一役で大事なんです。

共同作業もそうですが、そのあとの飲食のつきあいがまたたいへん。酒の燗《かん》のつけ方から座のまわし方まで、私どもにはなかなかのみこめなくてなじめないことでした。とくに、初めてお祭りの当番（頭屋）がまわってきたときは、組の人が段取りをしてくださるとはいえ、神主さんや神楽太夫さんを大勢迎えてどう応対していいかわからず、ただウロウロするばっかり。

郷に入れば郷にしたがう、そのつもりではいても、なかなかむずかしいことでした」

飯田さんは、例のやさしい声で、まるで経文を誦《よ》むかのようにゆったりとした抑揚をつけて話してくれるのである。

お寺が祭りの当番

私が飯田さんと親しく口をきくようになったのも、祭りを通じてのことであった。

鳴谷は、大字《おおあざ》でいうと花滝に属しており、その氏神は前出の皇太子山《こうたいしさん》神社である。しかし、鳴谷の集落九軒だけで、別に産土神《うぶすながみ》をもっている。荒神と稲荷神を合祀して鳴谷神社としているのである。その社は、八日市から西北方に続く尾根筋の突端にあって、集落を見おろすように建っている。

鳴谷神社の秋祭り（例祭）は、皇太子山神社のそれに続く。つまり、十一月二十二日、二十三日が大祭り（氏神の祭り）で、二十三日、二十四日が小祭り（産土神の祭り）となっているのである。もっとも、花滝というところでは、鳴谷だけでなく他の四集落も同様に大祭りに続けて小祭りを行なっている。

そのとき、私たち神主は、ことのほか忙しい。とくに、最近は助勤の神主も手薄であるので、ひとりで小祭りを掛けもちせざるをえないこともあり、着替える間もなく祭りから祭りに移動しなくてはならない。が、この十数年来、鳴谷の祭りは、もっぱら私が専任となっている。

長泉寺の飯田さんに当番がまわってくるのも、私が担当してそろそろ一巡目となる。

思えば、神主の装束をつけて寺の門をくぐるということは、それが初めてのときは、意識が過剰気味であったとはいえ、奇妙な気がしたものだ。

本堂に一礼して、庫裡《くり》に入る。そこは、ふつうの家とほとんどかわらず、座敷があり床の間があり、神棚もある。夫婦二人住いであるから、調度品の手入れがゆきとどいており、つつましく静かな暮しぶりがうかがえる。

当番祭では、床の間に神籬《ひもろぎ》や御幣《ごへい》を立て、注連《しめ》や千道《ちみち》（切り紙）を飾り、神饌《しんせん》を並べて、神座をつくる。その前で、神主は、お祓《はら》い太鼓を打ちならしながらの座ならしをし、お神楽太鼓を打ちならして祈禱をするわけである。

私がしたくを整え、拝もうとしたとき、飯田さんが、この人にはめずらしく早口でいったものだ。

「ちょっと待ってください。本堂にもお灯明をあげてきますから」

その夜（宵宮）、直会《なおらい》の膳をはさんで、飯田さんと私は、はからずも神と仏との接点について話しこむことになった。おもに、私が聞き手であったように思う。

「ええ、お宮さんのおつとめをするのは、抵抗があるわけじゃあありません。ならわしからすると、寺が当番を受けるのじゃあなくて、飯田という家が当番を務めるわけでしょうから……。

それに、日本では神仏は混淆の伝統があるわけで、日蓮宗は新日蓮（創価学会）とは違って、神道とも共存共栄が図れるという思想が基本にあります。神道ではお祭りというかたちで、氏神や産土神から連なる代々のご先祖さまの霊を歓迎して祀るわけでしょう。仏教でいう年忌《ねんき》法要と、同じ原理ではないかな。

神様、仏様、ご先祖様……、あなた、うまいことおっしゃる。そうですね、神道でも仏教でも基本的には、先祖の霊が大事なわけですね。お釈迦さまも天照大神《あまてらすおおかみ》も天上界の最上位にいらっしゃるわけで、天上界と現世の俗界をつなぐところに祖霊界がある、という図式もなりたつでしょう。たしかに、わかりやすく説明すると、そういうことになります」

痩身の飯田さんが、座布団の上に蹲《うずくま》るような姿勢で、言葉を区切りながらゆっくりと語る。この種の話には、まことにふさわしい光景であった。

神仏混淆の名残り

右の話題をもう少し補足しておこう。

神道に体系化される以前の神観念は、自然崇拝にはじまる。つまり、地上の森羅万象は、神々の意志にもとづき、神々によって産みなされ、神々が司るものである、という考え方である。これは、ひとり日本の神観念にかぎらず、世界の多くの原初的な民族社会に共通する信仰体系、としてよい。そして、稲作に代表される定着生活がはじまると、木や火、土、金《かね》（鉄）、水など（つまり、自然）と協調して開墾・開作に励んだ一族郎党の祖霊を崇めることにもなる。そのむらのおこりの自然と祖霊を合わせ祀るのが、のちに産土神《うぶすながみ》（ほぼ小字単位で祀る地縁神）とか氏神（ほぼ大字単位で祀る社縁神）とかいわれるものに展開するのである。なお、この場合、祭神の存在は、さほど問題ではない。自然崇拝と祖霊信仰が体系化されて神道となり、それがときとして政治権力とむすびついたりするとき（いちばん顕著なのが、明治初年の神仏判然令）、記紀のあたりから適当な神名を選びだして登録したにすぎない、そういう例が多いのである。

一方、仏教は、あらためていうまでもなく古代から中世にかけて大陸から伝来したものである。しかし、奈良を中心に発展した南都六宗《なんとろくしゅう》（三論《さんろん》・成実《じょうじつ》・法相《ほっそう》・倶舎《くしゃ》・華《け》厳《ごん》・律《りつ》の六宗）は学問的な色彩が濃く、平安期の天台宗（最澄《さいちょう》が宗祖）と真言宗（空《くう》海《かい》が宗祖）は密教で修行と呪術を重んじたがため、民衆社会へは浸透しないままであった。仏教が真に民衆のあいだに広まるのは、鎌倉期のことである。浄土信仰と現世利益《りやく》を説く新派仏教（法然《ほうねん》による浄土宗、親鸞《しんらん》の浄土真宗、日蓮の日蓮宗など）が、簡単な念仏や題目とともに普及したのである。その新派仏教の基本的な信仰形態は、まず祖師（宗祖）を崇めることであった。それによって宗派を明らかにしたのであるが、それが一般におよんでは先祖を尊び家父長を敬う「家」の意識を強めることになったのである。

という神道と仏教の歴史の概略をもってしても、両者の思想は、けっして対立するものではないのだ。祖霊信仰を接合要素として、両者あわせて「ニッポン教」とするのがよい、と私は、これまでもことあるたびに唱えてきた。

ただ、これまで、時代ごとに政治が関与することで、神道と仏教は、その存在の濃淡を異にもしてきた。たとえば、平安時代には本地垂迹《ほんじすいじやく》（仏が本地、神が垂迹）の風潮が強く、室町時代には神本仏迹の風潮に逆転した。そして、明治政府による神仏分離令（廃仏毀釈《はいぶつきしやく》）によって、神道が国教化してハレの行事により多く進出、仏教がケガレの行事により関与することになったのである。もちろん、戦後は両者対等の宗教団体となったのであるが、明治以来の神事と仏事の区分は、なお習慣的に伝わっているわけである。

ところが、私の郷里のあたりでは、いまも「神仏混淆」の風《ふう》が強い。

これまでも、屋敷まわりや耕地の景観、産土荒神の式年祭の制度などに中世色を残していることを折々に述べてきた。現に、荒神神楽（式年神楽ともいい、五行神楽や託宣《たくせん》神楽が中心）では、私たち神主とその土地の僧侶が同席することもあるのである。神主が祓いの詞《ことば》を奏している脇で、僧侶が般若心経を誦むような祭典となる。私もはじめは奇怪に感じたものだが、以上の歴史的経緯をふりかえってみると、中世のむら社会の残照として尊い伝統なのである。

飯田さんと私が奇妙にウマがあうのも、道理といえば道理なのである。

飯田さんが鳴谷神社の当番のとき、私は分不相応に多額の祝儀をもらった。あるいは、お寺さん相場だったのかもしれない。

あとで、私があらためてお礼を述べると、飯田さんは、笑顔でさらりと答えたものだ。

「お話が肴の、よいお祭りでした」

15　むらの祭りを伝える意義

私の氏神

石段の下には、二本の幟《のぼり》が立っている。丈《たけ》は二十メートルもあろうか、他の神社の幟と比べてひとまわり大きい。下方に赤と青で獅子が、上方に群雲が描かれており、中央に「宇佐八幡神社」という文字が黒々と書かれている。竿の頭にはスギの葉が束ねてとりつけられており、幟の裾には赤い小猿（綿を赤布でくるんでつくったもの）が吊るされている。

風を受けて、澄んだ秋空に幟がバタバタと波をうってはためく。竿がギーギーときしむ。

「こうやって幟を立てたら、ほんまに祭りがきたという気分になりますなあ」

と、当番組（頭屋組）の誰かがいった。

宇佐八幡神社（美星町）の例大祭（秋祭り）は、十一月第一週の土・日曜日である。以前は十月の十六日、十七日ときまっていたが、このごろは農村にあっても勤め人が多く、十年ほど前から祭りの日が変わった。

祭りが土・日曜になってくると、神主の日程調整がむずかしくなる。何しろ、私の家では、明治以降、周辺で神主が不在となった神社を次々に兼務することになり、十月中旬から十二月にかけての約二ヵ月間で約三十もの大小の祭りを祭主として執行しなくてはならないのだ。

とくに、最近は、しばしば土・日曜に祭りが重複する傾向にある。

これまでのところは、神札《おふだ》書きや切り紙などの準備をあらかじめしておいて、祭りの当日は父と私が手分けして、あるいは助勤神主も頼んで、どうにか一社にひとりは神主がはりつくことができた。が、それも、父や周辺の神主の高齢化が進んでくるにつれ、しだいにむずかしくなっている。とくに、吉備高原から中国山地にかけての氏神や産土神（荒神）の祭りでは、夜っぴて演じられる神楽をともなうものが少なくなく、その神楽場にも座していなくてはならない神主業は相当な体力を要するのである。このごろ、何から何まで私ひとりで務めなくてはならない祭りが多くなってきている。正直なところをいうと、ときに手抜きもしたくなる。いや、いっそ手放したくもなる。

しかし、宇佐八幡（神社）は、私の家の氏神でもある（つまり、私も氏子のひとりである)。そこでは、村役のひとつとして私の家が代々の神主を務めてきた。したがって、ここは何をさておいても優先して務めなくてはならないのである。私も、将来、他の神社の兼務が無理となって宮司役を辞退するとしても、自分の氏神社とその範囲内での荒神社や株神社だけは最後まで務めなくてはならないだろう、と腹をきめている。

というよりも、自分のところの祭り、ということで宇佐八幡の秋祭りには、神主の立場とは別に自然に心おどるところがある。そして、一年に一度ぐらいそういう気分を大事に伝えていきたい、と思っているのである。

それに、私の家は、宇佐八幡に隣接してある。だから、祭りのときも神主としての準備だけでなく、当番組の馬場掃き（旅所づくり）や神殿《こうどの》建て（神楽の舞台づくり）にも立会うことになる。

「総代の人や当番組の人が準備に来られとるのに、家でのんびりお茶を飲んでいる場合ですか」

そうでなくても、老母は口やかましく、家に私の居るところもないのである。

やってきた。

御神幸の御幣かき

本殿の神体幣《しんたいべい》を切りかえているところに、氏子総代長の山室晴孝さんがしずしずとやってきた。

「社務所にお茶の用意ができとりますんで、お休みください」

いんぎんな物腰である。山室さんは、平常でも声を荒だてるようなことがない。すでに老成の相があるが、思えば、私の子どものころからそうであった。氏子総代という役も、生来のものと思えるほどにふさわしい。

が、山室さんの長子勝巳君は、相当に腕白であった。彼は、私の小・中学校時代の野球仲間であったが、まあ、その喧嘩早いことといったらなかった。山室さんは、その勝巳君の武勇のあとをあやまって歩くのが一役であった。

いま、勝巳君は、井原（井原市）のタクシー会社の総務責任者で、山室さんの自慢の孝行息子である。それをみると、あるいは山室さんにも、私の知らない猛々しい青春時代があったのかもしれない。

「若先生（私のこと）や勝巳が四十（歳）を過ぎたんですからなあ、私も御幣《ごへい》かきがしんどうなってくるのもあたりまえですらあ。

あの御勧請幣《ごかんじょうべい》も、そろそろ勝巳にかつがせにゃあいけん、と思ようるんですらあ」

御幣かき、というのは、例大祭の神幸《しんこう》（神輿渡御《みこしとぎょ》）のとき、それぞれが役に応じて奉じた御幣を掲げて行列にしたがうことである。一般的にはそういうことになるのだが、山室さんがいう御勧請幣とは、宇佐八幡の縁起にまつわる特別の御幣なのである。

幣串《へいぐし》が六尺（一・八メートル）、大きな御幣である。幣串は虫くいだらけ。垂《しで》（紙）もこの御幣にかぎっては、部分的にしか切りかえないから黒ずんでおり、いかにも古めかしい。それが六本、ふだんは本殿で眠っている。例大祭のときにかぎり表にだされるわけで、それは代々山室氏一統（山室株）の誰かがかく（掲げる）ならわしになっているのである。

たとえば、『備之中陽河上郡黒忠村豊山八幡宮幷神主之覚』（宝永六＝一七〇九年の原本）によると、宇佐八幡は、大永二（一五二二）年、ときの領主（小笹丸城主）竹井市郎右衛門光高が九州の宇佐（大分県）から勧請《かんじょう》した、とある。ただの八幡でなく宇佐八幡を名のるのは、全国で十数社しかなく、それはいずれも中世における直接勧請であるといわれているので、右の記事内容にもほとんど疑いをはさむ余地はない。

そのとき、宇佐への道中に供をした竹井氏の家臣が原田・川上・家本・山室・竹井・江木・丹下の七氏であった。そして、山室氏が勧請幣をかついで帰った、と、これは伝説で語り継がれている。以来、それにしたがって、例大祭の神幸で山室株が勧請幣をかくことになっているわけである。

戦後（第二次世界大戦後）しばらくして、それが中断したことがある。由緒を尊ばないかぎり、虫くいだらけの古くて重い御幣をかくことは、けっして名誉なことではなかったのだ。

そういう時代であった。いまにして思うと、そのころ日本の社会全体が近代化・民主化を急ぎすぎたところがある。物質的な評価が精神的なそれよりも優先される。そんな傾向が強かった。いきおい、旧慣は悪しきもの、という風潮も強まった。

むろん、それは時勢というもので、いたしかたのないことであった。それによって、われわれ日本人は、世界でも類がないほどの経済の高度成長をなしとげ、モノに不自由のない生活を築くことができるようになったのだ。その意味では、何ら不平をいうすじあいはないのである。

ところが、いまになって、日本の伝統性、日本人の精神文化、地方の特性が、あらためて問われるようになっている。いわゆる「ソフト」の時代を反映してのことであるが、「国際化」のなかでの必然でもある。ジャパンバッシング（日本たたき）ともいわれる経済摩擦の裏面で、日本の文化、とくに生活文化について尋ねられても答えられないエコノミックアニマル日本人の資質までが問われてくるのである。国際的な文化摩擦が生じつつある。ということは、戦後の近代化・民主化のなかで失われたものに対して、あらためて反省がなされるようになった、ということである。

そして、廃絶したはずの祭りや芸能を、新たな手間隙《ひま》をかけて復活させる、そうした地域おこしもでてくるこのごろである。歴史的にみると、無駄が多いことではあるが、こうしたくりかえしも、またいたしかたないことと諦めなくてはなるまい。

その点、私の郷里の大小の祭りは、そうした時どきの盛衰はあるものの、その意義や旧慣が比較的によく伝えられている、といえよう。

それは、高原上に自給的な小生活圏を築かざるをえなかった、その地理的、歴史的な環境がなせることに相違ない。が、時どきに、むらの風《ふう》を語り継いだり諸役を負担したりする人びとがいた、そういう人的な風土があった、そのしあわせを忘れてはならないだろう。

右の御幣かきも、山室株でもかき手の声があがらないまま廃《すた》れようとしたとき、山室さんが、私ひとりでもやりましょう、と発奮したから続いているのである。もっとも、山室さんの性格と口調にしたがうと、「そのうち信心のええ若い衆がでてきてかもしれませんので、それまでを私がつないどきましょう」ということになる。たぶん、山室さんは、株内に対してはきっとそういうひかえ目な発言をしたはずである。

祖父伝来の型

山室さんは、私に対しては次のようにいう。

「あのときの、勝之先生との約束ですけえなあ、やめるわけにゃあいきませまあ」

勝之とは、私の祖父の名である。身内をほめるのは口はばったいことであるが、祖父は、その風貌や見識からしていかにも神職らしい人であった。博学で、なお晩年に至るまで読書を絶やさなかった。言語に正確で、何よりも語り部として優れていた。思えば、その祖父の問わず語りがあったからこそ、いまの私がむらの歴史や祭りのしきたりについてごたくを並べることもできるのである。

祖父は、いまから十五年前の昭和五十一年に他界した。死期が近づいたころ、祖父は、山室株の本家の当主である績さんを呼んだ。たまたま私もそこにいたので、祖父は、おまえもよく覚えておくように、と前おきして次のように語ったものである。

「いまはこういう時代じゃから古いことがないがしろにされるが、御神幸《ごじんこう》の御幣かきだけは絶やさんでほしい。

ただ八幡さまを勧請したいわれがある、というだけじゃあない。この山のなかで苦労をして黒忠という平和なむらをつくった、先祖のさまざまな思いがあの御幣には託されとるんじゃ。それを無にせずに、一年に一度ぐらいは皆でしのんでほしい。それが祭りというもんじゃ。

そのはじめは、八幡さまの勧請道中にしたがった原田も川上も家本も、それぞれが一体ずつ御幣をかいて御神幸にでたんかもしれん。じゃが、記録に残るかぎりは、山室株の大役となっとる。どうか、このことは山室株で代々申しおくりとしてほしい」

そして、祖父は、それでも不十分と思ったのか、当時まだ青年であった山室勝巳君にも、次の代のためにと同様の依頼をしていたのであった。

それでも、自ら好んで御幣かきにでようという人はいなかった。さすがに、祖父が没した直後の例祭には績さんが衣を正して参列したが、それも一度か二度であとに続かなかった。

ひとつには、父や私の落度があった。総代会（氏子総代会）や当番組に対して、御幣かきの意義と復活について事前に説明しておくべきであった。すでに代替りが進んでおり、御幣かきについて知る人は少なくなっている。そこで、績さんの席も用意せず、礼を失することになる。招かざる客ということになり、それで績さんも出にくくなったのだろう。

何事もそうであろうが、祭りにも表と裏がある。表は、一般の人が自由に出入りできる場所や行事で、神楽の見物とか神幸への従歩がそうである。裏は、役づきの人だけが参列できるところで、祭典や直会《なおらい》がそうである。そして、そこには裏方の諸役が必要で、この場合は当番組がそれに相当する（その当番組は、宇佐八幡神社でいうと五組に分かれており、五年に一度まわってくる）。

そのところで、祭りの盛衰は、表にどれだけたくさんの人が集まるかによって決まりがちである。祭りがさびれてくると、総代と当番組だけの祭り、といわれるようになるのである。

しかし、ここでいう表と裏は、かなりはっきりと区別されている。とくに、裏から表に人がでてくることはあっても、表から裏に人がまわることはない。もし、総代や当番組でもない者が、幣殿《へいでん》（祭典の場）や社務所（直会の場）にあがって長居をしたら、それは不作法とされるのである。私の郷里では、そうした不作法者のことを「楽屋乞食」と呼んでいた。楽屋（裏）には酒が備わっているもので、その酒が欲しさに楽屋をうろつくこと、周囲からそう思われることを戒めたのであろう。

話が脇にそれたが、きっと績さんは、楽屋乞食にはなりたくなかったのに相違ない。その配慮に欠けた非は、当方にある。この稿を書きながら、私は、いずれ祭典にも直会にも御幣かきの定席を設けなくてはならない、と思っている。

その意味では、いまの山室晴孝さんは、総代長の立場があって山室株の長老の責任も負っているのである。本来、それは、二役二席に分けるべきものなのだ。いつまでも山室さんひとりの意気にゆだねるのでなく、山室さんのあとに誰が御幣かきにでてきても楽屋乞食の思いをさせない態勢を整えないとならないだろうと思う。

そのとき、たぶん、「山室株だけを優遇して」とか「山室株のことだから他は関係ない」という声もあがるだろう。そして、山室株のうちからも、「そうまでいわれてでることもなかろう」、「もうやめたらいい」という意見もでるかもしれない。そうしたことは、十分に予測できる。それこそ、昨今の民主主義・個人主義の悪しき拡大というものであろう。

これは、封建とも差別とも違うのだ。宗教の問題でもない。むらの由来を伝える、文化伝承の型というものなのである。祖父がいったように、むらにおける祭りの意義を、もういちど確認しなくてはなるまい、と私も思いだした。

どうやら、そのあたりの調整が、私の役目らしい。

故事の解釈

山室晴孝さんは、温和で律義で、それゆえに小心で苦労性である。じつは、山室さんは、この祭りに参加できるかどうか、内心やきもきしてきたのである。それは、内孫（勝巳君の長子）の元宣君が、この春亡くなったからである。中学校一年生、あまりにも若く痛ましい死であった。

元宣君は、生まれながらにして血液障害をもち、入退院をくりかえしていた。しかし、じつに性格も頭脳もよい子で、ほとんど学校には行けなかったが、学力に見劣りすることもなかった。それが、山室さんにとって、心配の種であり、自慢の種であった。

私は、山室家が私の家に近いところにあり、山室さんが氏子総代を長く務めているせいもあって、その内情には比較的詳しい。やがて、山室さんの表情を見て、元宣君の体調の良し悪しの見当もつくようになった。実際に、元宣君の体調が悪化すると、山室さんは、八幡様によう拝んでください、と祈禱を依頼してきたものだった。神主として祈禱に濃淡をつけるのは好ましいことではないが、それでも、山室さんが孫を案ずる気もちに対しては、私の祈禱もとくに力が入ったものだ。

さて、元宣君が亡くなってからは、山室さんは、忌明《いみ》けを気にしだした。公的に

（氏子総代長として）いつまで忌に服するか、悩んだのである。

私たち神職からすると、そのことについては神社本庁の規定もあり、悩むところはない。一般に、最大の服忌《ぶっき》は、一等親の場合で五十日。以下、血縁が薄くなるにしたがってその日数が縮まってくる。それは、そうであろう。そのために、大ざっぱにいうと、神道でいうところの五十日祭、仏教でいうところの四十九日の法要があるのである。かつては、一般でもそれをモアケ（喪明け）といっていたはずだ。

だが、山室さんは、あくまでも世間体を気にするのである。

この場合の世間とは、一年は忌がかかるとする近年の俗説である。それは、歴史的にはまったく根拠に乏しい拡大解釈で、さらにいうと単なる賀状風俗というべきものである。例の「忌中につき」と新年の挨拶を断るいんぎん無礼な葉書がもとで、いつの間にか等親も忌明けも関係なくしてしまった。四十九日の法要をすませた忌明けの挨拶状をだしておきながら、賀状回避の葉書をだす人もいる。そして、「妻の祖母の死亡により」なんてことわり書きまででてくると、もう、無知蒙昧《もうまい》なご都合主義といわざるをえない。そのくせ、ご本人たちは、とっくに歌舞音曲にも酒池肉林にも興じていたりするのである。

山室さんがいくら気配りのきく人でも、その悪しき現代風俗に追従してはならないのではないか。私は山室さんに、そう説いた。

私は、自分では、生活習俗の変化については寛容である、と思っている。伝統文化といわれるものも、その内容のすべてが古来不変であろうはずがない。ときどきに、部分的に変化していくのは当然である。しかし、本来の意義や意味を知ったうえで、しかるべく変化を認めたい、と思っている。が、右の一件にかぎると、本来を知らずしての文化冒瀆の悪例として認めがたいところがあるのである。

ちなみに、私の家の電話の前の柱には、「服忌日」と記した紙が貼ってある。家族や親戚に不幸があったが祭りに参加できるかどうか、という問いあわせが年々多くなるからである。そして、父母や私は、そのたびに丁寧な説明をするよう心がけているのである。

「いなか神主」の雑務は、ますます増えてきそうである。

さて、山室さんがいうのである。

「何とか、あの御幣の幣串に、神輿の棒のように布を巻くことができんでしょうか。いえね、重いからというだけじゃあのうて、虫くいで相当に傷《いた》んどりますんで、かついで歩きょうりますと、背広の肩が擦《す》れてほつれてくるんですらあ……」

それは、うかつなことであった。

さっそく、他の御幣にならって幣串に奉書を巻いて水引を結ぶことにした。こうした変化が加わりながら、しかし御幣かきが伝わる。それは、好ましい伝承とみなされるのではなかろうか。

ちなみに、今年（平成二年）の秋祭り（例大祭）には、山室株から二人の御幣かきが再び参列することになった。

この日は、それまでになく快晴であった。紅葉《もみじ》の葉をなでるように幟《のぼり》がはためく。のどかで、さわやかで、いかにも祭り日和《びより》であった。

東京に帰ったら、ワインを飲みに行こう――何の脈絡もなく、私は、そんな思いにかられていた。

学術文庫版あとがき

　本書は、平成三（一九九一）年に上梓された『いなか神主奮戦記』の復刻版である。

　私は、自著を読みかえすことをほとんどしない。そこでの拙さを知るのが、こわい。とくに、『いなか神主奮戦記』は、二度と手にすることもないだろう、と封印をしていた。

　それは、そこにとりあげた方々の一部にご迷惑をかけたからである。私としては、ほとんどの方にご諒解を得た上で実名でご登場をねがったのだが、ご当人でなく、そのご家族の方に不快な思いを与えたところがあった。私も母も、そのことを知って思い悩んでいた。私は、著述のむつかしさとその責任の重さを思い知った。そして、謝罪もした。また、再版の誘いもお断りして、これを封印したのである。

　それから三十年近くが過ぎた。このたび、学術文庫での復刻の誘いがあった。私は、即答を避けたが、お断りするつもりでいた。が、齟齬《そご》の始末もともかくとして、はたして『いなか神主奮戦記』が学術文庫に連ねるほどの内容であるものかどうか。そのことに関心もあって、いまいちど読みかえしてみることにした。

冷静に読むことができた。

これは、あらためて残しておくべき記録ではないか。内容は、体験を通してのまぎれもない事実であるから、誤解を生みやすいところは記述を改める。ご登場いただいている方の多くはすでに鬼籍に入られているものの、実名は、仮名としてお許しをいただく。学術文庫版を正規の保存版とすることができるのではないか。そう思うようになったのである。

まずは、あの時代の「むら」の、まだ活力のあった実情を、せめてここにとどめておくべきではないか。

実際に、この三十年間でむらは大きく変わった。ひとり私の郷里だけでなく、日本各地のむらが大同小異である。端的にいえば、高齢化と過疎化によるむらの活力の後退である。経済の高度成長期においては、全国的に生活様式の急速にして画一的な変化が生じた。それにあわせてのことであった。

向都離村の現象に歯止めがきかなかった。とりわけ、平成の大合併（平成一七～一八年）以降に急速な変化が生じた。地方にあって、小さな町《まち》村が都市に吸収合併された。行政的な合併とはそうしたもので、それまでの文化的な同質性は、ほとんど考慮されない。経費の合理化を名目にした人数合わせの傾向が生じる。現在、平成の大合併の結果をよく言う人は、ほとんどいない。しかし、それを選択したのは、まぎれもなくそこに住む人たちなのである。

その地方における中央集権化が加速した。その結果、元の町村は独自性が保てなくなった。さらに小さな大字《おおあざ》とか小《こ》字《あざ》単位のむらも伝統性が保てなくなった。

「限界集落」なる流行語も生まれた。

いまや、住む人たちよりも棲む動物たちの方が、その生命力を誇示するようにもなっている。私の郷里とて例外ではない。とくに、イノシシの出没による農作物やタケノコ・クリなどへの被害が年々増えてきている。そう嘆いてみてもはじまらないが、有効な手だてではない。「そのうち、人間が柵の中で暮らすようになるさ」、と自虐的な会話が交わされるのが常態となって久しいのである。

そうした社会や自然の変化のなかで、むら祭りだけが旧来のままに維持できるはずもない。しかし、近年におけるその変化は、予測が及ばないほどに大きなものだった。

まず、それを維持するのに必要な絶対人数（労働力という意味での必要人数）の不足をきたす。それが、はじめに顕著にあらわれたのが神輿《みこし》かきである。

私が神主に出はじめた四十数年前のころは、ほぼ大字単位で祀る氏神神社の秋の大祭では各社ともに神輿が出ていた。この『いなか神主奮戦記』を上梓した平成三年(二十八年前)でもそうだった。それが、以来、神輿渡御《とぎょ》に支障をきたすことになったのだ。

私の本務社の宇佐八幡神社(井原市美星町)では、神輿二基をそろそろと鳥居前まではかついで出すが、そこからは台車に乗せ、それを引いて御旅所まで行く。平成十三(二〇〇一)年からの変革だった。これは、若いかつぎ手の不足もともかくだが、その若者たちの肩や足腰がそれに耐えきれなくなったからでもある。ちょうど、農作業の機械化が進んできたこととも符合もする。年長者たちが、「昔は日ごろの鍛え方が違っていた」、と述懐するのもむべなるかな、と思える。しかし、それだけが理由というわけにもいかないところもある。

ほぼ時を同じくして、私が兼務の二社(八幡神社と山神社)では、神輿渡御そのものを中止したのである。

この地方では、氏神とは別に産土神《うぶすながみ》(ここでは産土荒神)も厳重に祀られてきた。氏神は、ほぼ大字単位で祀られる近世的な社縁神。それに対して、産土荒神は、ほぼ小字単位で祀る中世的な地縁神、と、ここでは位置づけている。

その産土荒神の例祭（俗に霜月祭りといわれる）は、現在も、毎年きまって行なわれている。しかし、荒神式年祭（一般には、七年ごと）は、後退してきた。それは、臍《へそ》の緒《お》荒神といわれたほどに親族が集まり盛大に行なわれ、それが地縁社会の結束ともなって見栄をもはりあってきた。私が神主に出はじめたころには、どの荒神集落でも式年祭を行なっていた。それが、いつの間にか中断する例が増えてきたのである。

現在、荒神式年祭を継続するのは、全体でみると五分の一を切ってきた。減少の一途にある。そこでの式年神楽（荒神神楽）を演じたり観る機会が少なくなるところで、中世系の神事神楽の意味づけとその知識も乏しくなってくるかもしれない。もったいないことではあるが、それぞれの荒神集落の組織力や経済力が後退していくところでは、いたしかたないことだろう。昨年（平成三十年）、某集落において荒神式年祭を執行するかどうかで意見が分かれた。そこで、無記名投票で採決した結果、一票差で中止に決定した、という。

そうした流れに異を唱えることはできない。しかし、この種の大がかりな祭事は、いちど途絶えたところでの復活はむつかしかろう。そのところで、むらは死に体を呈してきているのである。

家祈禱《やぎとう》（正月祈禱ともいう宅神祭）を行なう家も減少した。

家祈禱については、本文でも詳しく紹介している。祖父の時代には、とくに本務社の宇佐八幡神社の氏子のほぼ全戸で家祈禱を行なっており、正月から春先にかけての祖父は、連日三、四軒のそれをこなしていたものだ。父の代でも、大きく減ることはなかった。それが、私の代になって減りはじめた。ひとつには、私が東京との往復のなかで家祈禱にまで日数がとれなくなったことへの人びとの遠慮があってのこと。私の責任でもある。が、近辺の神主たちも、同様の傾向にあるという。吉備高原の農山村に共通する現象、とみてもよいのだろう。

一般的な家庭では、家を念入りに掃除して、神主や客を招いて行事をなし、宴席を催すことが億劫になっているようだ。それも、むべなるかな。先の荒神式年祭（荒神神楽）が、この一〇年来激減してきたひとつの原因もそこにあることは明らかである。

大ざっぱにいうと、都市からはじまった合理化の現象、ということになる。端的にいうと、葬祭場ができたことによって、葬儀や法要、そして家祈禱までが家を離れたのである。

荒神式年祭や家祈禱に比べると、株神の祭りは、現在《いま》にもよく伝わっている。株神は、同姓一族（本家・分家関係）で祀るもので、祭神は摩利支天神《まりしてんのかみ》である。その昔、中世のころ、領主の山城の麓に住みついた半農半士の者たちが近世以降に農民と一元化してからも十分の守護神として伝えたものである。

もとより、小規模な祭りであった。平常から気心が通じあっている人びとが年に一度集まっての和やかな祭りである。

その廃絶は、ほとんどない。つい先月も、以下のようなできごとがあった。

竹井株の株祭りは、七年間中断していた。もともと戸数の少ない株だった。四戸のうち二軒が他所《よそ》に出て、残ったのは二軒だけ。もうこのまま絶えるだろう、それもいたしかたないか、と思っていた。

ところが、株祭りを復活したい、との連絡があった。ただし、当番祭は行なわず、神社での祭典だけにしたい、とのこと。ちなみに、当番祭とは、当番（一般的には、頭屋《とうや》）の家に祭神を勧請し、新調した御幣や神札を神床に祀り、神饌を供して祭事を執りおこなうものである。それから宮上りをして、本祭典と相なるのだ。その当番制のそのままの維持がむつかしくなっている。が、簡素化があろうとも、まつりをなくするよりはよいに相違ない。

竹井の株祭りは、よくぞ復活できた、というべきであろう。そこに残って家を継いだ二人は、共に五十歳台後半。その二人が相談して、他所に出た二人に声をかけた。

そして、四人での株祭りが実現したのだ。

株神の小さな社は、集落の上方の山の中にある。私がそこに着いたとき、四人の男たちが汗びっしょりの作業衣姿で出迎えてくれた。社の掃除や周辺の草刈に早朝からたずさわっていたからである。

祭典が終わった後の直会《なおらい》。二人が作法どおりに粛々と神飯と神酒を給仕する。作業衣をはたいただけだが、それでいいのだ。衣装もさることながら、そうした作法が尊いのだ。そのことを誉めたら、四人がじつにさわやかに微笑んだものである。

株神は、血縁神である。祖霊神、といってもよい。ゆえに、さほどに意識せずとも、もっとも身近な存在としてないがしろにはできない、とするのであろう。仏教でいう回忌《かいき》（法要）と同じような意味で、ご先祖への義理あるつとめ、とするのであろう。そう思える。

しかし、最近では、檀家であっても七回忌以降はつとめない家が増えつつある、という話も聞く。その流れにしたがうと、株神の祭りもどれだけ続くかわからないが、そこまでの心配はしないことにしよう。

以上、長々と郷里の祭事におけるこの三、四十年の変化を述べてきた。

もはや、元へは戻らない。そして、それ以前の、おそらく江戸時代からさほどの変化がなかったであろう自給的で自立的な生活の様式もみえにくくもなってくる。郷里の祭事も、そうである。

私自身は、これまで四十年以上にわたって、東京と郷里との往復を続けてきた。父が神職を退いてからの三十年は、年間で二十往復以上。よく続けられたと思う。しかし、これからどこまで続けられるかわからない。私のような二地域居住の者もむら社会には必要なようにも思うが、かといって、お勧めできることでもない。

ということから、修訂しての『いなか神主奮戦記』の文庫化を決めたのである。文中にご登場いただいた方々やご迷惑をかけてきた方々にも、お許しいただけるのではあるまいか。ご縁を深めていただいた氏子・産子の皆さん方にも、あらためて御礼を申し上げたい。ありがとうございました。

文庫化にあたっては、株式会社講談社学芸クリエイトの林辺光慶氏にお世話になった。なお、原本の出版にあたっては、以後は友人として好誼を深めることになった故鷲尾賢也氏のお世話になった。記して謝意を表わしたい。

令和元年五月吉日

神崎　宣武

本書の原本は、一九九一年に小社より『いなか神主奮戦記――「むら」と「祭り」のフォークロア』として刊行されました。

神崎宣武（かんざき　のりたけ）

1944年岡山県生まれ。民俗学者。現在，旅の文化研究所所長。東京農業大学客員教授。公益財団法人伊勢文化会議所五十鈴塾塾長など。郷里（岡山県井原市美星町）では宇佐八幡神社ほか二社の宮司。
著書に『江戸の旅文化』『聞書き　遊廓成駒屋』『酒の日本文化』『しきたりの日本文化』『社をもたない神々』など多数。

講談社学術文庫

定価はカバーに表示してあります。

神主《かんぬし》と村《むら》の民俗誌《みんぞくし》

神崎宣武《かんざきのりたけ》

2019年７月10日　第１刷発行

発行者　渡瀬昌彦
発行所　株式会社講談社
東京都文京区音羽 2-12-21 〒112-8001
電話　編集（03）5395-3512
販売（03）5395-4415
業務（03）5395-3615
装　幀　蟹江征治
印　刷　株式会社廣済堂
製　本　株式会社国宝社
本文データ制作　講談社デジタル製作

ISBN978-4-06-516645-1

「講談社学術文庫」の刊行に当たって

これは、学術をポケットに入れることをモットーとして生まれた文庫である。学術は少年の心を養い、成年の心を満たす。その学術がポケットにはいる形で、万人のものになることは、生涯教育をうたう現代の理想である。

こうした考え方は、学術を巨大な城のように見る世間の常識に反するかもしれない。また、一部の人たちからは、学術の権威をおとすものと非難されるかもしれない。しかし、それはいずれも学術の新しい在り方を解しないものといわざるをえない。

学術は、まず魔術への挑戦から始まった。やがて、いわゆる常識をつぎつぎに改めていった。学術の権威は、幾百年、幾千年にわたる、苦しい戦いの成果である。こうしてきずきあげられた城が、一見して近づきがたいものにうつるのは、そのためである。しかし、学術の権威を、その形の上だけで判断してはならない。その生成のあとをかえりみれば、その根は常に人々の生活の中にあった。学術が大きな力たりうるのはそのためであって、生活をはなれた学術は、どこにもない。

開かれた社会といわれる現代にとって、これはまったく自明である。生活と学術との間に、もし距離があるとすれば、何をおいてもこれを埋めねばならない。もしこの距離が形の上の迷信からきているとすれば、その迷信をうち破らねばならぬ。

学術文庫は、内外の迷信を打破し、学術のために新しい天地をひらく意図をもって生まれた。文庫という小さい形と、学術という壮大な城とが、完全に両立するためには、なおいくらかの時を必要とするであろう。しかし、学術をポケットにした社会が、人間の生活にとってより豊かな社会であることは、たしかである。そうした社会の実現のために、文庫の世界に新しいジャンルを加えることができれば幸いである。

一九七六年六月　　野間省一

文化人類学・民俗学

悲しき南回帰線（上）（下）
C・レヴィ＝ストロース著／室　淳介訳
「親族の基本構造」によって世界の思想界に波紋を投じた著者が、アマゾン流域のカドゥヴェオ族、ボロロ族など四つの部族調査と、自らの半生を紀行文の形式でみごとに融合させた「構造人類学」の先駆の書。
711・712

民間暦
宮本常一著（解説・田村善次郎）
民間に古くから伝わる行事の底には各地共通の原則が見られる。それらを体系化して日本人のものの考え方、労働の仕方を探り、常民の暮らしの折り目をなす暦の意義を詳述した宮本民俗学の代表作の一つ。
715

ふるさとの生活
宮本常一著（解説・山崎禅雄）
日本の村人の生き方に焦点をあてた民俗探訪。祖先の生活の正しい歴史を知るため、戦中戦後の約十年間にわたり、日本各地を歩きながら村の成立ちや暮らしの仕方、古い習俗等を丹念に掘りおこした貴重な記録。
761

庶民の発見
宮本常一著（解説・田村善次郎）
戦前、人々は貧しさを克服するため、あらゆる工夫を試みた。生活の中で若者をどう教育し若者はそれをどう受け継いできたか。日本の農山漁村を生きぬいた庶民の内側からの目覚めを克明に記録した庶民の生活史。
810

日本藝能史六講
折口信夫著（解説・岡野弘彦）
まつりと神、酒宴とまれびとなど独特の鍵語を駆使して藝能の発生を解明。さらに田楽・猿楽から座敷踊りまで日本の歌謡と舞踊の歩みを通観。藝能の始まりと展開を平易に説いた折口民俗学入門に好適の名講義。
994

新装版明治大正史　世相篇
柳田國男著（解説・桜田勝徳）
柳田民俗学の出発点をなす代表作のひとつ。明治・大正の六十年間に発行されたあらゆる新聞を渉猟して得た資料を基に、近代日本人のくらし方、生き方を民俗学的方法によってみごとに描き出した刮目の世相史。
1082

文化人類学・民俗学

池田弥三郎著
性の民俗誌
民俗学的な見地からたどり返す、日本人の性。一夜妻、一時女郎、女のよばい等、全国には特色ある性風俗が伝わってきた。これらを軸とし、民謡や古今の文献に拠りつつ、日本人の性への意識と習俗の伝統を探る。
1611

宮本常一著（解説・網野善彦）
日本文化の形成
民俗学の巨人が遺した日本文化の源流探究。生涯の実地調査で民俗学に巨大な足跡を残した筆者が、日本文化の源流を探査した遺稿。畑作の起源、海洋民と床住居など、東アジア全体を視野に雄大な構想を掲げる。
1717

野本寛一著（解説・赤坂憲雄）
神と自然の景観論　信仰環境を読む
日本人が神聖感を抱き、神を見出す場所とは？　人々を畏怖させる火山・地震・洪水・暴風、聖性を感じさせる岬・洞窟・淵・滝・湾口島・沖ノ島・磐座などの自然地形。全国各地の聖地の条件と民俗を探る。
1769

石毛直道著
麺の文化史
麺とは何か。その起源は？　伝播の仕方や製造法・調理法は？　厖大な文献を渉猟し、「鉄の胃袋」をもって精力的に繰り広げたアジアにおける広範な実地踏査の成果をもとに綴る、世界初の文化麺類学入門。
1774

西田正規著
人類史のなかの定住革命
「不快なものには近寄らない、危険であれば逃げてゆく」という基本戦略を捨て、定住化・社会化へと方向転換した人類。そのプロセスはどうだったのか。遊動生活から定住への道筋に関し、通説を覆す画期的論考。
1808

五来《ごらい》　重《しげる》著（解説・上別府　茂）
石の宗教
日本人は石に霊魂の存在を認め、独特の石造宗教文化を育んだ。積石、列石、石仏などは、先祖たちの等身大の信心の遺産である。これらの謎を解き、記録に残らない庶民の宗教感情と信仰の歴史を明らかにする。
1809